体育强国背景下
高校高水平乒乓球队发展与管理研究

王 剑◎著

吉林出版集团股份有限公司
全国百佳图书出版单位

图书在版编目（CIP）数据

体育强国背景下高校高水平乒乓球队发展与管理研究 / 王剑著. -- 长春：吉林出版集团股份有限公司，2024. 9. -- ISBN 978-7-5731-5940-3

Ⅰ. G846

中国国家版本馆CIP数据核字第20242XK352号

TIYU QIANGGUO BEIJING XIA GAOXIAO GAO SHUIPING PINGPANGQIUDUI FAZHAN YU GUANLI YANJIU

体育强国背景下高校高水平乒乓球队发展与管理研究

著　　者	王　剑
责任编辑	杨　爽
装帧设计	沈加坤

出　　版	吉林出版集团股份有限公司
发　　行	吉林出版集团社科图书有限公司
地　　址	吉林省长春市南关区福祉大路5788号　邮编：130118
印　　刷	北京亚吉飞数码科技有限公司
电　　话	0431-81629711（总编办）
抖 音 号	吉林出版集团社科图书有限公司 37009026326

开　　本	710 mm×1000 mm　1 / 16
印　　张	15.75
字　　数	246千字
版　　次	2025年3月第1版
印　　次	2025年3月第1次印刷

书　　号	ISBN 978-7-5731-5940-3
定　　价	79.00元

如有印装质量问题，请与市场营销中心联系调换。0431-81629729

前 言

当代中国，体育强国战略已经提升至国家发展战略的高度，成为衡量国家综合实力和民族精神的重要标杆。这一战略不仅体现了我国在体育领域的雄心壮志，更是承载了提高国民健康水平、促进社会和谐发展的重要使命。在这一宏大的战略背景下，高校作为培养体育人才、传承与推广体育文化的重要基地，其高水平运动队的发展与管理水平显得尤为重要。

乒乓球作为中国的国球，拥有着深厚的文化底蕴和广泛的群众基础。这项运动在国内的普及程度极高，几乎每一个中国家庭都能感受到乒乓球带来的乐趣和激情。多年来，中国乒乓球队在国际赛场上屡创佳绩，为国家赢得了无数荣誉，成为中国体育的一张亮丽名片。高校作为乒乓球后备人才培养的重要基地，其高水平乒乓球队的发展水平直接关系到中国乒乓球运动的未来。多年来，这些队伍在各类国内外赛事中取得了优异的成绩，为国家输送了大量优秀的体育人才。然而，在取得一系列成绩的同时，高校高水平乒乓球队也面临着诸多挑战和问题。其中，训练体系不完善、管理机制落后等问题尤为突出。这些问题的存在不仅制约了队伍的进一步发展，也影响了体育人才的培养质量。鉴于此，特撰写了本书。

本书共包括八章内容。第一章为体育强国背景理论分析，为后续章节的分析提供了坚实的理论基础。第二章聚焦于当前高校高水平乒乓球队的发展现状，揭示了其面临的挑战和机遇。第三章基于前两章的分析提出了高校高水平乒乓球队在体育强国背景下的发展策略，为队伍的长远发展指明了方向。第四至七章分别就高校高水平乒乓球队的体能训练、心理训练、技能训练和科学管理理论与方法进行了详尽的研究，旨在从多个维度提升运动员的

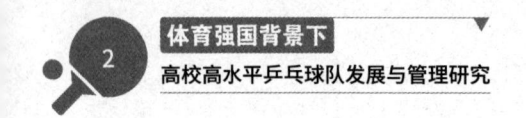

竞技能力和队伍的整体水平。第八章深入探讨了体育强国背景下高校高水平乒乓球队管理体系的构建与优化路径，以期构建一个更加高效、科学的管理体系，为队伍的可持续发展提供有力保障。通过这八章内容的系统论述，本书旨在为高校高水平乒乓球队的发展与管理提供全面的指导和借鉴，推动中国高校体育事业的繁荣与发展。

在本书的撰写过程中，作者参考并借鉴了许多专家、学者的研究成果，在此表示诚挚的感谢。由于本人水平有限，时间紧迫，书中难免有不妥与疏漏之处，敬请广大读者批评指正。

华东交通大学　王剑
2024年5月

目 录

第一章 体育强国背景理论分析 1

 第一节 体育强国的提出 1
 第二节 体育强国的内涵 4
 第三节 体育强国的基本特征 8
 第四节 新时代体育强国建设的成就与路径 10
 第五节 乒乓球运动助力体育强国建设 34

第二章 我国高校高水平乒乓球队的发展现状分析 39

 第一节 办队现状 39
 第二节 运动员与教练员的基本情况 43
 第三节 球队训练情况 53
 第四节 器材设施与经费情况 57
 第五节 学校对高水平乒乓球队的关注情况 60
 第六节 高校高水平乒乓球队发展的影响因素 62

第三章 体育强国背景下高校高水平乒乓球队发展的策略 65

 第一节 加大经费投入力度，完善器材设施条件 65
 第二节 拓宽招生途径，吸收更优秀的人才 67
 第三节 解决学训矛盾，合理安排学与训 69
 第四节 加强教练员的培训 71

第五节　加强科技投入，提高科研水平　　　　　　　　72

第四章　高校高水平乒乓球队的体能训练　　　　　　75

第一节　高水平乒乓球运动员体能训练原则　　　　　　75
第二节　高水平乒乓球运动员专项体能训练方法　　　　80
第三节　高水平乒乓球运动员软梯训练指导　　　　　　87
第四节　体能训练前的专项准备与训练后的恢复再生训练　92

第五章　高校高水平乒乓球队的心理训练　　　　　　115

第一节　运动心理训练理论　　　　　　　　　　　　　115
第二节　高水平乒乓球运动员心理训练的内容　　　　　125
第三节　高水平乒乓球运动员心理素质训练方法　　　　128
第四节　高水平乒乓球运动员比赛心理状态与调节　　　138

第六章　高校高水平乒乓球队的技能训练　　　　　　143

第一节　高水平乒乓球运动员技术训练方法　　　　　　143
第二节　高水平乒乓球运动员战术训练方法　　　　　　170
第三节　高水平乒乓球运动员技战术训练意识的强化　　183
第四节　博弈视角下高水平乒乓球运动员战术运用
　　　　能力培养　　　　　　　　　　　　　　　　189

第七章　高校高水平乒乓球队科学管理理论与方法　　193

第一节　高校高水平乒乓球队管理的概念与意义　　　　193
第二节　高校高水平乒乓球队管理的原理与方法　　　　196
第三节　高校高水平乒乓球队组织管理的实施　　　　　204
第四节　高校高水平乒乓球队管理协同模式的科学构建　211

第八章 体育强国背景下高校高水平乒乓球队管理体系构建与优化路径 　　221

第一节　高校高水平乒乓球运动员管理　　221

第二节　高校高水平乒乓球运动队教练员管理　　225

第三节　高校高水平乒乓球运动队信息管理　　230

第四节　体育强国背景下高校高水平乒乓球队管理的优化路径　　233

参考文献 　　237

第一章
体育强国背景理论分析

当下,体育事业已成为国家发展的重要组成部分,其战略地位日益凸显。随着全球体育产业的蓬勃发展,各国纷纷将体育作为提升国家软实力、促进经济社会发展的重要手段。在这样的背景下,中国作为世界体育大国,正致力于向体育强国迈进。本章将对体育强国的背景理论进行深入分析,为后续的探讨奠定理论基础。

第一节 体育强国的提出

在我国,体育强国战略的演进历程可以划分为两大主要阶段。第一阶段始于20世纪80年代,当时的战略重心聚焦于竞技体育的蓬勃发展。而第二阶段则在北京奥运会成功举办之后开启,提出了"积极推动我国由体育大国向体育强国迈进"的战略目标,这一阶段更加注重体育综合实力的提升,并从多个层面进行了深入细致的考量与规划。

一、第一阶段：侧重于竞技体育的发展

在我国体育事业发展的历史长河中，"体育强国"一词被明确提出之前，它已在社会语境中悄然崭露头角，主要用以描绘在奥运会等国际体育赛事中名列前茅的国家形象。1983年，国务院正式批转国家体育运动委员会所呈报的文件《关于进一步开创体育新局面的请示》，其中首次以官方名义明确提出了"要在20世纪末将我国建设成为世界体育强国"的战略目标。该文件不仅明确指出了这一宏伟目标，还对其实现路径进行了详尽规划，包括提升我国在奥运会等国际赛事中的竞技水平、推动全民广泛参与体育锻炼、兴建能够承办奥运会和亚运会等大型赛事的体育设施、优化体育队伍结构等举措。

1984年10月5日，中共中央发布《关于进一步发展体育运动的通知》，进一步确认了这一战略目标，从而使其在我国体育事业发展中占据了举足轻重的地位。此战略目标的提出随即引发了学术界的广泛探讨与争鸣，主要形成了两种截然不同的观点：一种观点认为，体育强国的衡量标准应主要聚焦于竞技体育的卓越成绩，具体表现为在国际赛事中斩获佳绩；另一种观点则主张，体育强国的评判应更为全面，既要在竞技体育领域展现出色实力，也需拥有坚实的群众体育基础作为支撑。

尽管当前学术界更倾向于后者，即体育强国的评价应基于体育综合实力的全面考量，但在那一时期，衡量一个国家是否为体育强国的核心标准仍旧聚焦于其在奥运会等国际赛事中的竞技表现。这一点在当时的体育院校通用教材《体育理论》中得到了明确体现，该书将体育强国定义为"在世界重大综合性比赛中成绩名列前茅的国家"，凸显了竞技体育水平在衡量体育强国中的重要地位。

经过深入剖析我们发现，在体育强国理念刚提出之时，其核心观点主要集中在竞技体育层面。尽管学术界对此进行了广泛的探讨与辩论，但主流思想仍聚焦于那些在奥运会等国际大型赛事中取得卓越成绩的国家。从当今的视角来看，这一观念在当时的社会背景下具有其独特的历史价值，即竞技体育在提升民族凝聚力、向心力及自信心方面发挥了关键作用，充分体现了体育在社会发展与政治建设中的重要地位。然而，对照《关于进一步开创体育新局面的请示》中所设定的"在20世纪末把我国建设成为世界体育强国"的目标,不难发现这一目标并未如期实现。其中的原因多种多样,主要包括对体育强国概念的理解过于单一化、对体育强国的认识尚显肤浅、将其简单等同于国家体育综合实力的象征而忽视了群众体育和体育产业等领域的发展、我国当时的经济实力和综合国力在一定程度上制约了目标的实现,以及体育管理体制改革滞后等。这些因素的存在使得我国在实现体育强国目标的道路上仍需付出更多的努力。

二、第二阶段：基于体育综合实力的多维思考

北京奥运会作为我国竞技体育发展历程中的关键节点,其圆满举办不仅彰显了我国体育事业的辉煌硕果,更凸显了我国坚定不移的改革开放决心和中国特色社会主义道路的鲜明优势。自改革开放的伟大征程开启以来,中国在经济、政治、文化等诸多领域均取得了举世瞩目的辉煌成就,体育事业也在其中实现了从洛杉矶奥运会金牌零的突破到巴黎奥运会斩获91枚奖牌的巨大跨越。这些卓越成果的取得充分展现了我国竞技体育的雄厚实力,为我国迈向体育大国的征程奠定了坚实基础。基于此,我国进一步明确了"推动我国由体育大国向体育强国迈进"的战略目标,此目标的提出进一步激发了全国人民对体育事业发展的热切期盼与广泛关注,为体育强国建设的深入推进注入了强大动力。

从整体上来说,第二阶段"体育强国"战略的内涵呈现出多元化的理解倾向。尽管学术界在战略目标的细微之处仍存在异议,但普遍认同的是"体育强国"是一国体育整体实力的集中展现。针对体育强国的内涵,学术界主要持有以下三种观点。

第一,体育强国的概念是相对且比较性的,其深刻体现了一个国家在体育领域所具备的综合实力。

第二,关于体育强国的评价标准,并非仅限于竞技体育成绩,更包含群众体育的普及程度、体育文化的丰富内涵、体育科技的创新能力等多维度的

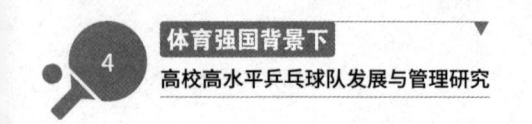

考量。

第三，体育强国的建设是国家整体实力提升的重要构成部分。

需要指出的是，尽管体育强国战略在提出之时，两阶段所依托的背景各有不同，但两者皆蕴含深厚的爱国情怀及鲜明的中国特色。具体而言，第一阶段的"体育强国"战略主要立足于"赶超式"发展的单一视角；而第二阶段则更加注重理性分析，其理解建立在对多个维度的综合考量之上。

第二节 体育强国的内涵

一、体育强国概念的发展

自1983年起，中国在国务院发布的《关于要求国家体育委员会进一步开创体育新局面的通知》中首次明确提出了"体育强国"的宏伟目标。这一战略构想的提出不仅深刻反映了20世纪80年代中国社会的发展需求和体育事业的进步要求，而且为中国体育事业的蓬勃发展指明了方向。

在体育强国理念的指导下，中国积极寻求体育发展的多元化路径，深入发掘体育的社会价值和文化潜能，致力于推动体育事业的可持续性发展和创新发展。在改革开放的初期，中国把竞技体育作为国家发展的重点领域，力图通过提升竞技体育的国际竞争力来增强民族的自信心和自豪感，认为这是实现体育强国梦想的关键。那个时期普遍的看法是，中国运动员在国际重大体育赛事，尤其是奥运会上取得的优异成绩，就标志着中国体育强国目标的实现。

尽管在国家体制的大力支持下，中国竞技体育取得了令人瞩目的成绩，为体育强国的建设打下了坚实的基础，但体育强国的内涵远不止于此，它还包括了体育的社会普及、群众体育的发展、体育产业的繁荣以及体育文化的传播等多个层面。随着时间的推移和社会的发展，体育强国的内涵和外延不断丰富和扩展，成为推动中国体育事业全面进步的重要理念。

在20世纪90年代中期，中国体育发展迎来了重要的转折点，群众体育和竞技体育被明确为国家体育事业的两大支柱。这一战略决策催生了1995年《全民健身计划纲要》和《奥运争光计划纲要（1994—2000年）》的发布，旨在全面推进体育事业的发展。2008年北京奥运会上，中国代表团的金牌数位列第一，这一历史性成就象征着中国竞技体育实力的飞跃。尽管如此，要实现成为体育强国的宏伟愿景，中国仍需应对众多挑战，任务依然艰巨。

自党的十八大起，全民健身被提升为国家战略，旨在深化群众体育的发展。这一战略决策促使群众体育在第13届全运会上大放异彩。同时，体育产业的重要性在中国体育事业发展规划中逐渐凸显，标志着中国体育事业正向多元化发展迈进，为体育强国建设开辟了新的路径。

中国体育事业的持续深化与改革，开创了一条融合体育与医疗的创新之路。这一新路径得到了《"健康中国2030"规划纲要》的政策支持，为体医结合提供了明确的方向和指引。

党的十九大报告进一步强调了加快建设体育强国的重要性，明确将其确立为新时代中国体育事业发展的核心战略目标，以及全民齐心协力、共同追求的方向。为实现这一目标，我国要在构建体育强国战略体系的过程中，确立并秉持先进的发展理念，积极探索多元化的发展路径，以推动体育事业各领域实现均衡、协调的发展。此外，还要确保所构建的战略体系具备清晰、明确的层次结构，并突出战略重点，以确保体育强国建设的有序推进。

为推动体育强国建设，2019年9月，中国发布了《体育强国建设纲要》。该纲要强调要加强政府在宏观层面对体育事业的管理和指导，提升人民群众的体育锻炼和健康水平，发挥经济发展对体育事业发展的内在驱动作用，弘扬体育精神，推动体育事业的国际化发展和合作共赢。此外，还强调要制定全面的政策体系，突出发展重点项目，为中国体育强国的建设提供坚实的政策保障。这些战略部署和措施不仅体现了中国对体育强国建设的深刻理解和高度重视，也是丰富体育强国内涵的重要途径。它们的实施将推动中国体育事业不断迈上新的台阶，为实现体育强国的宏伟目标奠定坚实基础。

二、关于"体育强国"概念的几个观点

（一）"内涵"和"外延"之说

目前，对于如何界定一个国家是否达到体育强国的标准，国际上并没有一个统一的评价体系。通常，人们会从两个主要的角度来进行评估：一是该国在国际竞技比赛中的成绩表现，二是该国全民健身活动的普及和发展水平。为了更深入地把握体育强国的实质，应当关注体育活动的核心价值。提升国民体质、增进健康是体育活动的根本宗旨，而健康体质不仅包括身体健康，还包括心理健康、社会适应能力以及道德素质等多个层面。体育强国的概念也应扩展至竞技体育、群众体育、学校体育和体育文化等多个方面的全面发展。如果一个国家在这些领域的发展均超越其他国家，那么它就可以被视为体育强国。

总之，从体育强国的内在"本质"和外在"表现"来看，一个真正的体育强国应该是在群众体育、学校体育和体育文化等方面打下坚实基础，在竞技体育方面取得引领性成就，并且在体育事业的各个领域都达到世界领先水平的国家。

（二）"硬实力"和"软实力"之说

体育强国的综合实力是硬实力与软实力两大维度的综合体现。硬实力，即物质层面的坚实基础，其有形且可量化之特性显而易见；而软实力是无形的内在精神力量，其重要性同样不容忽视。当前，我国正致力于由体育大国向体育强国的跨越式发展，在此过程中，硬实力的提升固然是重中之重，但软实力的提升同等关键。二者相辅相成，缺一不可，否则必将制约我国体育事业的全面进步与繁荣。

在推动体育事业发展的征途上，软实力往往易被忽视，然其重要性远超人们的想象。诚如古语有云："天下之至柔，驰骋天下之至坚。"从国家层面观之，软实力涵盖国家形象的塑造、国际规则的制定、体制的健全、价值观及文化之吸引力等诸多层面。对内而言，软实力体现为强大的凝聚力，凝聚国民之心，共筑体育强国之梦；对外而言，则展现为强大的吸引力与影响力，提升我国在国际体育舞台上的声望与地位。

纵观世界顶尖的体育强国，其不仅在硬实力方面表现卓越，软实力同样坚实有力。这主要体现在体育规则的完善与引领、国际形象的正面塑造、体育体制的健全及其与世界体育体制的深度融合、体育文化的丰富多彩及其强大的吸引力等方面。这些软实力因素不仅在国际层面产生了深远的影响，也在国内层面极大地挖掘和提升了本国体育事业的发展潜力，共同推动着国家向体育强国的目标稳步前行。

（三）"体育大国"和"体育强国"的比较

体育大国与体育强国，虽然只有一字之差，但它们所代表的含义和标准却有着本质的区别。"大"通常指的是规模和数量的扩张，而"强"则侧重于质量和实力的增强。两者代表了"量"与"质"的不同发展阶段，其水平和层次也存在显著差异。体育大国通常指的是体育发展规模庞大、资源丰富、在国际体育舞台上具有显著影响力的国家。相对来说，体育强国则是指体育综合实力和整体发展水平均处于世界领先位置的国家。

评估一个国家的体育发展水平时必须立足全面而细致的视角，从多个维度进行综合考虑。对于体育大国的评价主要参考其体育资源的丰富程度、资金投入的规模、体育人口基数以及运动项目的多样性等显性指标。然而，对于体育强国的判定则更为深入和复杂。除了上述显性指标外，还需细致审视体育科学研究的深入程度、体育体制的完善程度、体育产业的成熟状态、体育文化的丰富多样性、体育理念的前瞻性思考以及体育管理技术的创新实践等更为本质的因素。体育强国并非体育大国在数量层面上的简单扩张，而是要在质量上实现跨越式的提升，实现由大到强的质的飞跃。

在判定一个国家是否为体育强国时，虽然需要综合考虑上述多个因素，但这并不意味着要求每个指标都达到最高标准。实际上，几乎没有国家能在所有体育领域都达到顶尖水平。因此，在评估一个国家是否为体育强国时，

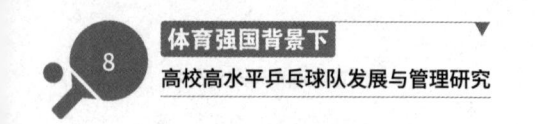

应更注重该国体育事业是否实现了数量与质量的均衡发展，以及其竞技体育和群众体育是否都达到了国际认可的高标准。

第三节 体育强国的基本特征

一、以人为本

发展体育事业的目的是促进人体健康，体现其本质价值。为了推动体育事业的蓬勃发展，必须坚守以人为本的原则，全力以赴地促进人民的体质健康，满足人民群众对体育运动的多元化需求，包括竞技、健身、娱乐以及精神层面的追求。这真正彰显了体育事业的宗旨，即为人民服务，依靠人民的力量共同推进体育事业的发展。

二、全面、协调、可持续发展

体育强国的"强"体现在体育事业的全方位、协调与可持续的发展。为实现全面发展，竞技体育、群众体育、学校体育、体育产业及体育文化等关键领域应同步推进，形成强大的合力效应。协调发展则意味着这些领域在各自独立发展的同时，应相互支持、相互推动，共同构建一个和谐稳定的体育生态系统。而可持续发展则着眼于体育事业的长期繁荣与兴盛，强调对未来发展的战略投资与长远规划。

体育强国的综合国力不仅局限于竞技体育的辉煌成就，更在于各体育领域发展水平的全面提升以及它们之间的深度协同效应。因此，建设体育强国，关键在于推动不同体育项目间的协同发展，实现地区间体育事业的均衡发展，并促进竞技体育、群众体育、学校体育与体育产业之间的和谐共生。

三、体育成绩优异

在建设体育强国的进程中，提升国家体育成绩至关重要，它不仅是建设体育强国的核心目标，更是衡量一个国家体育综合实力的重要指标。这里所指的体育成绩是一个综合性的概念，涵盖了各个体育领域的表现，而不仅是单一项目的成绩。对于我国在体育领域已具备显著优势的项目，应当坚定不移地维护并巩固其在国际舞台上的领先地位。而对于那些目前仍处于相对劣势地位的体育项目，应积极寻找突破口，奋力提升竞技水平，不断拓宽成绩提升的空间。在坚定不移地实施体育强国战略的指引下，我国体育事业的整体发展水平必将迈上一个崭新的台阶，取得更加卓越的成就。

四、群众基础广泛

体育强国的建设和进步必须根植于广泛的群众基础之中。缺少了广大人民的积极参与和坚定支持，建设体育强国的宏伟蓝图将难以达成。任何忽视群众基础的体育发展战略都如同无根之木，难以落地生根。在建设体育强国的过程中，群众基础的广泛性是一个至关重要的要素。

为了进一步强化这一基础，应当采取以下措施：首先，通过增加体育设施和举办各类体育活动，提高公众对体育的可及性和参与度；其次，通过教育和媒体宣传，提升公众对体育价值的认识，激发他们的体育热情；再次，通过体育教育和培训，提高公众的体育技能和素养；最后，通过政策支持和社会激励，鼓励更多的人才投身体育事业，为体育强国的建设贡献力量。通过这些努力，可以确保体育强国建设的群众基础更加坚实，为实现体育强国的目标提供强有力的支持。

五、国际性与特色性

在建设体育强国的过程中必须拓宽视野，立足于全球舞台，积极借鉴国际先进经验。欧美国家在体育领域的卓越成就很大程度上得益于其体育外交战略和国际化发展的视野。这种全球化策略不仅为国家带来了丰厚的经济收益和良好的国际声誉，也在全球范围内产生了深远影响。因此，我国在推动体育事业发展的进程中，不能局限于国内，而应放眼世界，以更加开放的态度参与国际体育交流与合作。

我们并不主张简单模仿欧美国家的体育发展模式，而是要在借鉴其成功经验的基础上结合我国实际情况进行体育领域的改革与创新。关键在于探索出一条符合中国特色社会主义发展道路的体育强国之路，使我国在全球体育舞台上发挥更加重要的作用，展现社会主义体育的独特魅力。

第四节　新时代体育强国建设的成就与路径

一、体育文化软实力的提升与发展

体育作为社会文化的重要构成部分，其对于我国文化软实力的提升具有不可替代的关键作用。在当前历史背景下，伴随着我国体育事业的蓬勃发展以及体育强国战略的稳步推进，提升体育文化软实力已然成为国家政策议程中的核心议题。因此，必须全方位加强提升体育文化软实力的工作，为实现体育强国战略目标而持续奋斗。

关于提升体育文化软实力的策略，主要涵盖以下几个方面。

（一）重构体育价值体系

体育价值体系主要由两大核心要素构成，即核心价值与外围价值。核心价值展现出一种恒久的稳固性，而外围价值则展现出一定的灵活性，能够顺应时代的变迁与社会的需求。体育价值体系的稳定性主要依托于核心价值的坚实基石。一个具备深厚吸引力和强大说服力的核心价值能够为整个价值体系提供稳固的支撑。它能够有效解答社会生活中的疑惑与冲突，为社会矛盾提供明确的解释与解决方案，以精神的力量抵御外界挑战，缓解社会矛盾。因此，在构建体育价值体系的过程中确立并巩固核心价值体系的作用显得尤为关键。

（二）提升国际体育话语权

体育话语权是指一个国家在国际体育领域中维护自身利益、表达体育立场和观点的能力，包括所享有的权利、所需的机会和途径。在提升体育文化软实力方面，体育话语权发挥着关键作用。通过争取和利用各种机会，传达和推广自己的观点与意愿，并得到外界的接受与认同，从而提升体育文化的国际影响力，是提升体育话语权的重要任务。

（三）大力发展体育文化产业

为了推动我国体育文化软实力的持续提升，我们应大力发展体育文化产业，并在具体的发展过程中注重以下若干关键问题。

1.解决资金问题

我国体育文化产业的发展受限于资金短缺，因此现阶段的首要任务即为解决资金瓶颈。针对此问题，具体的解决策略包括以下几方面。

第一，应积极筹划并设立针对体育文化产业发展的引导基金和风险投资基金，以提供稳定的资金来源。

第二，为加快体育文化产业的发展步法，需对财政支出结构进行合理调整，为此可专门安排一定规模的引导基金。

第三，为了促进体育产业的持续发展并培育新的经济增长点，应调整体育产业的税收政策，推出优惠的税收政策。

第四，需加大对体育产业研发的投入力度，通过技术创新和产品研发来推动产业的持续发展。

第五，为了拓宽体育文化产业的融资渠道，应鼓励社会各界的单位和个人参与兴办体育文化基金。

2.培养专业人才

体育文化产业的发展迫切需要众多杰出人才的深度参与和有力推动。当前，我国在体育文化产业领域正面临着专业人才短缺的严峻挑战。鉴于该领域尚处于发展初期，对各类人才的需求尤为突出，人才短缺问题愈发凸显，已成为制约体育文化产业持续健康发展的重要因素。尤其值得关注的是，体育产业经营管理人才的匮乏在我国尤为显著。

针对当前人才短缺的困境，必须采取切实有效的措施，加大对体育产业经营管理人才、体育产业复合型人才以及科技创新人才的培养力度。同时，还应积极与国际体育文化产业进行深度对接，借鉴先进经验，推动我国体育文化产业实现跨越式发展。

在人才培养方面，应充分利用高校、社会组织、企业等社会资源的优势，构建协同育人机制，强化培养单位间的资源整合与深度合作，共同培养出更多适应新型体育产业发展需求的高素质人才。此外，还应积极引进海外优秀的体育人才，特别是体育经纪人、职业经理人等我国亟须的特殊人才，以进一步提升我国体育文化产业的整体竞争力和国际影响力。

3.建设体育文化服务体系

体育文化服务体系的建设一般应遵循以下几个方面的指导原则和实施策略。

第一，坚持正确的发展方向是发展体育文化产业的核心。这主要体现在以民为本的理念上，将社会效益置于首位，积极体现当代先进性文化，并始终保持文化自觉与创新的态度。

第二，积极投入并不断完善公共体育文化基础设施的建设，这要求我们增加资金投入，提供必要的基础保障，以推动体育公共文化服务投入结构的持续优化。

第三，为保证体育文化服务体系稳健发展，必须构建科学有效的投入机制与引导机制。在市场经济体制下，应充分利用市场机制的调节作用，引导社会资金按照一定比例合理流向体育公共文化服务领域，以优化资源配置，促进体系健康发展。

第四，为加快推动体育文化产业繁荣发展，应充分利用各类通信设备广泛宣传体育文化消费理念，积极引导公众在体育文化消费中更加积极主动，从而激发市场活力，提升产业竞争力。

二、竞技体育的发展

概括来说，我国竞技体育的发展策略主要包括以下几方面。

（一）转变竞技体育发展理念

1.学会"享受体育"

在竞技体育的激烈对抗中，成功与失败总是如影随形，然而无论最终胜负如何，每位参与者都能从中汲取到宝贵的经验。

对于运动员而言，他们在竞赛的洗礼中不仅积淀了丰富的实践经验，更能在其中感受到专属于自己的那份独特喜悦与成就感。与此同时，教练员在悉心指导运动员的过程中，也能深刻体会到竞技体育所蕴含的独特价值与无穷乐趣。

对于观众而言，目睹自己支持的运动员或队伍取得胜利，定然会心生欣喜与自豪之情。即便在面临失败的情况下，运动员所展现出的坚韧不拔的拼搏精神和崇高的体育道德风尚同样值得我们由衷地赞赏与学习。这种精神不仅能够触动观众内心的共鸣与敬意，更有助于传递体育的正能量，推动社会文明的持续进步。

2.坚持"人文体育"

"人文体育"理念是在现代竞技体育领域中应运而生的，它为社会主义现代化建设和构建和谐社会提供了新的发展途径和方法论，成为现代社会竞技体育不可或缺的价值追求。在当前的发展阶段，为了推动竞技体育的持续进步，必须坚守"人文体育"这一核心理念，以适应现代社会的发展规律。

在竞技体育实践中，"人文体育"理念的重要性在于它将人的全面发展视为增加人类生存机会的关键。具体来说，健康、长寿、获得优质教育和幸福生活是人类发展的基石。因此，应避免将竞技金牌的数量作为唯一的追求目标，这种做法可能会导致运动员的身心健康被忽视，并引发如年龄造假、以强凌弱、不正当竞争等不公平现象。相反，应该坚持公平竞赛的原则，致力于促进竞技体育的健康发展和稳定进步，以此来发挥竞技体育的社会价值。

3.倡导"绿色发展"

环保的终极宗旨在于推动人类社会实现长期、稳定且健康的可持续发展态势，进而保障人类与自然环境的和谐共存。在人类社会的演进历程中，必须充分重视人类需求与自然环境保护的均衡性，以保证两者能够相互协调、相互平衡。

竞技体育的可持续发展同样依托于对自然环境的合理利用与科学保护。这两者并非存在相互排斥的关系，而是应当相互促进、相得益彰，形成和谐统一的发展格局。

绿色奥运理念的提出旨在推动奥运会的科学发展，其核心在于确保奥运会的举办不会对自然环境造成损害，同时强调对资源的节约利用与新能源的开发应用。

竞技体育的发展始终肩负着促进人类社会健康、和平、友谊与进步的重要使命，这与环保理念在本质上具有高度的一致性。因此，将环保理念融入竞技体育的发展之中，既是顺应时代潮流的必然选择，也是符合人类社会长远发展需要的重要举措。

（二）关注竞技体育后备人才发展

1.关注青少年健康

2008年北京奥运会后，中国竞技体育迈入了后奥运时代的新发展阶段。在这一转型期，体育管理机构深刻洞察到我国竞技体育后备人才培养所遭遇的重大挑战。尤其是在应试教育的大背景下，青少年体质的整体下降与竞技体育对后备人才身体素质提出的要求形成了尖锐的矛盾。面对这一挑战，中国政府充分认识到青少年健康成长对于国家战略的重要性，并采取了一系列措施来提升青少年的体质健康水平，从而为竞技体育的人才储备打下坚实的基础。

为了有效应对这一挑战，国家体育总局特别成立了青少年体育司，专注于青少年健康问题的深入研究和积极解决。此后，中国的青少年公共体育服务体系经历了一系列的改革与优化，使得青少年的健康水平得到了显著的提升。这一系列积极的改革措施不仅为我国青少年的全面发展创造了有利条件，同时也为竞技体育后备人才的培养注入了新的活力，推动了体制机制的创新和发展。

2.加强学校体育教育

竞技体育后备人才的培养与学校体育教育的进步紧密相连，二者相辅相成。学校体育教育的蓬勃发展为竞技体育输送了源源不断的人才资源，对提升我国竞技体育的整体实力起到了至关重要的作用。为了进一步深化学校体育教育改革，推动竞技体育后备人才培养的持续优化，应致力于实现以下教育目标。

第一，构建一套既契合我国社会主义市场经济体制要求，又彰显中国特色的学校体育人才培养体系，以优化体育人才的培育机制，满足国家体育事业发展的需求。

第二，应建立一套完善且高效的学校体育管理体制和运行机制，以全面提升学校体育教育的整体效能和管理水平，推动学校体育事业的健康有序发展。

第三，显著增加学校体育人口基数，通过科学系统的培养，为竞技体育领域输送一批批具备较高水平的各类体育人才，为我国体育事业的发展奠定坚实的人才基础。

（三）落实竞技体育科学化发展策略

1.坚持"以人为本"的科学发展策略

竞技体育的持续进步和成功根本上依赖于对人才资源的科学管理和高效运用。因此，坚持"以人为本"的发展观念和策略是推动体育事业稳步发展的关键。在这个过程中必须充分认识到运动员全面成长的重要性。除了提升运动员的竞技技能，还应该注重其文化教育和知识素养的培养，以促进运动员在各个方面的均衡发展。此外，竞技体育的发展还应该追求经济效益、社会效益和环境效益的和谐统一。这意味着在推动体育事业向前发展的同时，还要保证经济、社会和环境的可持续性。这样的发展模式不仅能够为体育事业本身带来长远利益，同时也能够为社会的和谐、人类文明的进步作出积极的贡献。

2.重视竞技体育的国际交流与协作

体育与政治在建立良好国际关系的进程中扮演着举足轻重的角色。相应地，健康稳定的国际关系也对竞技体育的广泛传播与深入发展产生着深远的影响。以我国为例，乒乓球、跳水、举重等传统优势项目在国际体育赛事如奥运会中始终保持着领先地位。这些项目的辉煌成绩不仅充分展现了我国体育事业的强大实力，更体现了我们在相关领域的专业训练水平和技术积累。为了持续推动我国竞技体育的蓬勃发展，必须积极向全球推广这些优势项目，并加强与各国之间的交流与合作。此举不仅有助于扩大我国竞技体育的国际影响力，更能激发创新活力，进一步提升我国在这些领域的竞技水平。通过加强国际交流与合作，可以共同推动竞技体育的繁荣发展，为构建更加和谐稳定的国际关系贡献力量。

与此同时，对于我国在竞技体育中相对较弱的项目，我们应积极向体育强国学习，借鉴他们的成功经验。在此基础上，我们必须结合我国的实际情况，制定和实施有针对性的提升策略，逐步提高这些项目的竞技水平。这样我们不仅能提升竞技体育的整体实力，还能在国际舞台上展示我国体育事业的全面进步。

三、学校体育的发展

（一）当前我国学校体育教育现状

近年来，在国家对学校体育事业日益关注和体育教育改革持续深化的背景下，我国学校体育教育取得了一系列显著的发展成果。但从总体情况来看，仍存在一些不足之处，这些不足主要体现在以下几个方面。

1.学校体育教学目标过于单一

经过一系列的改革，我国体育教育在提升教学效益和增强学生体育技能方面取得了一定成效。但当前体育教育在目标设定上仍显得过于狭隘，过度聚焦于短期的教学成果，过分强调体育锻炼，忽视了对学生体育兴趣和爱好的培养。这种做法未能充分体现出学校体育教育的全面价值，即不仅应教授运动技能，更应致力于培养学生的人际交往能力、抗挫能力和健全的人格。因此，当前的体育教学目标需要更加多元化和全面化，以更好地适应学生全面发展的需要。

2.学校体育教育理论知识传授不足

当前的学校体育教学中，普遍存在着一种偏重于运动技能教授而忽略体育理论知识教育的现象。为了全面达成学校体育教育的多重目标，体育教学亟须融入更多的体育理论知识。这是因为现代体育教学的核心任务不仅是提

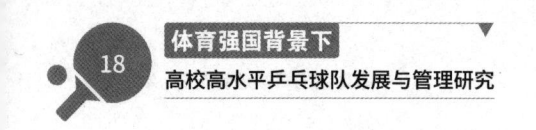

高学生的体育技能，更在于促进学生的身体和心理健康发展。

在体育教学的实施过程中，应该向学生传授包括运动学原理、健康生活理念以及运动伤害预防和治疗在内的知识。此外，还需培养学生的体育习惯，引导他们深入理解体育的文化内涵。通过这些知识的学习，学生不仅能够形成良好的体育锻炼习惯，而且能够促进身心健康，进而达到学校体育教育的真正目的。

3.学校体育教学评价体系不完善

当前，我国体育教学评价主要聚焦于学生体育技能的掌握程度以及运动能力的达标状况，这种评价方式在某种程度上与专业运动员的考核标准相类似。尽管此种方式能够在一定程度上反映学生的学习成效，却无法全面体现体育教学的整体效能。

现代教育理念明确指出了体育教学在培育学生道德品质、推动智力发展、提升身心健康水平、培育审美素养以及构建健康生活方式等方面的综合作用。因此，传统上仅以技能和水平为评价核心的体系，显然已无法满足现代体育教学多元化目标的需求。

4.学校体育教学内容和方法比较陈旧

当前，我国众多学校在体育教学过程中普遍沿袭了传统的以身体锻炼和运动技能习得为核心的教学内容和形式。在此教学模式下，体育教师扮演着主导角色，负责向学生系统传授体育课程的核心知识。但此种教学方式在一定程度上忽视了学生的主观能动性和个体差异性。

随着社会的不断发展和时代的快速变迁，体育教学所面向的学生群体越来越年轻化、时尚化和个性化。传统的体育教学内容和方法由于缺乏创新和多样性，已难以有效激发学生的学习兴趣和热情。

为了充分调动学生参与体育学习的积极性，推动体育教学的顺利进行，并达成学校体育教学的既定目标，亟须对传统教学内容进行不断的创新，同时采用更加多元化的教学方法。这将有助于更好地适应学生群体的变化，提升体育教学的质量和效果。

（二）我国学校体育发展的策略

1.树立"健康第一"与"终身体育"的学校体育思想

随着我国社会的不断进步与发展，公众对健康问题的关注日益加深。体育运动作为提升个体健康水平的有效途径，已获得了广泛的认同和接纳。尤其对于大学生群体而言，追求健康的生活模式、主动投身于各类体育运动之中，并培养起终身参与体育运动的良好习惯，具有极为重要的战略意义。鉴于此，在实施体育教育的过程中必须明确树立"健康第一"及"终身体育"两大教学理念。

贯彻"健康第一"，要求体育教师在授课过程中将健康知识融入课程内容，使学生在学习体育技能的同时，能够深刻理解健康的重要性，并逐渐形成崇尚健康的生活方式。这不仅能够促进学生的身心健康，还能够为其未来的全面发展奠定坚实基础。

坚持"终身体育"也是体育教育中不可或缺的一环。这一理念要求体育教师引导学生科学地认识和理解体育的价值，端正学习态度，积极学习并掌握体育锻炼的技能和效果评价方法。通过这样的引导，学生能够提高终身体育的参与能力，为今后长期的体育锻炼提供有力支持。

总之，坚守"健康第一"和"终身体育"，是有效实现体育教学目标的关键所在。只有在这两个理念的指导下，我们才能培养出具有健康体魄和良好体育素养的大学生，为社会的和谐发展贡献力量。

2.不断创新学校体育教学内容

首先，要使体育教学内容具有科学性与逻辑性。在不同教学阶段，教学内容需遵循教育的基本规律，并与学生的身心发展特点相匹配。这不仅有助于教学的有效实施，更能促进学生的全面发展。

其次，教学内容的多样性与趣味性同样重要。多样性为学生提供了丰富的选择空间，有助于满足不同学生的个性化需求。而增加趣味性则能激发学生的学习兴趣，提升他们的学习动力，使他们更深刻地认识到体育学习的价值和意义。

最后，教学内容还应兼具通用性与民族性。通用性意味着教学内容应具

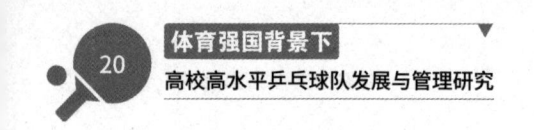

备一定的统一性和规范性，以适应各类学生的需求。而民族性则强调教学内容应融入具有地方特色的民族或乡土体育运动项目，这不仅能增强学生的文化认同感，还能丰富教学内容，提高教学效果。

3.建立科学有效的学校体育教学评价体系

为了精确评估体育教学的成效，一个科学且合理的评价体系是不可或缺的。历史上，体育教学的评价体系往往过分强调运动技能的掌握，并将此作为教学计划设计的核心。这种以技能为中心的评价方式可能导致体育课堂过于偏重技术训练，从而使教师在教学中过分专注于技能传授，而忽略了对学生体质、兴趣、态度和情感等重要方面的培养。

在当今社会，我们致力于培养具备德智体美劳全面发展的人才。为此，体育教学评价体系亟须顺应时代潮流，向多元化发展路径转型。这一体系应当全方位、多角度地评价学生的体育知识储备与基本技能掌握情况，同时深入剖析学生个性发展轨迹、情感与性格的塑造历程以及实践能力的提升程度。体育教学评价应更加注重学生在学习过程中的实际表现，采用丰富多样的评价工具，推动体育教学方法的持续创新与完善，从而更好地满足社会对全面人才的需求。

四、群众体育的发展

（一）我国群众体育发展中存在的问题

1.体育人口老龄化现象严重

人口老龄化现象在我国愈发凸显，已逐渐成为国家面临的关键问题之一。从体育人口的构成来看，老年人口在体育总人口中的占比超过一半，显示出体育人口老龄化的趋势相当严峻。

2.经济欠发达地区农村体育开展不力

目前,我国东西部地区之间以及城乡之间的经济发展失衡问题已显得尤为突出。广大农村地区多数仍处于"温饱型"发展阶段或是正在向"小康型"过渡。特别值得关注的是,西部一些相对落后的地区,其居民的基本温饱问题尚未得到妥善解决。在此背景下,农村居民的基本生活需求尚不能得到充分满足,因此农村体育活动的广泛开展面临着较大的挑战。

3.场馆设施供应欠缺,体育活动组织率低

相较于西方国家,我国在大众体育锻炼场馆的供给方面呈现出显著不足,具体表现在场馆数量相对匮乏,且开放率偏低。这一现状导致我国大部分民众在进行体育锻炼时更倾向于选择公园等非专业性场所作为锻炼地点。这种现象无疑对群众体育的深入发展造成了明显的制约,甚至在部分情况下造成了阻碍。总体来看,我国民众参与体育活动的方式多呈现出单独或结伴而行的特点,即便存在集体练习的情况,也往往缺乏明确的组织架构和系统性管理。由此可见,我国在推动群众体育事业健康、有序发展方面仍需进一步加大力度。

4.群众体育技能水平较低,缺乏竞赛交流机会

为推动我国群众体育的健康发展,提升竞技水平,应增加比赛的举办频率。但目前我国群众体育的竞技程度相对较低,大部分民众鲜有参与比赛的机会,这制约了群众体育的全面进步。因此,必须重视并解决这个问题,通过举办更多比赛,为群众提供更多参与体育竞技的机会,从而推动我国群众体育的持续发展。

5.群众体育的发展相对封闭、孤立

群众体育、学校体育及竞技体育三者之间不应是孤立、分割的存在,而应形成互补互促、协同发展的关系。具体而言,群众体育为学校体育提供了实践延续与深入发展的土壤;竞技体育则通过其示范和引领作用,为学校体育与群众体育指明了方向。群众体育作为竞技体育的基石,为后者的壮大提供了不可或缺的支撑。当前,我国的体育发展存在明显的问题:群众体育与

学校体育、竞技体育之间缺乏有效的衔接与互动，体育场馆等资源未能得到充分利用。特别是在群众体育领域，多数活动在非标准场地进行，以非竞技项目为主，这与现代社会体育的发展趋势格格不入。此外，学校体育场馆对社区居民的封闭管理，进一步加剧了体育资源的浪费和阻碍了体育事业发展。因此，迫切需要对现行体制进行改革，以促进我国体育事业的全面协调发展。

（二）我国群众体育发展的策略

1.做好群众体育的普及推广工作

在当今社会，随着信息网络时代的进步，网络的广泛普及使众多民众在闲暇之余沉浸于网络游戏，从而导致了对体育活动关注度的降低。针对这一社会现象，应当积极利用大众传媒的力量，全面报道社会体育新闻，使公众无论身处何地都能深切感受到全民健身的浓厚氛围。同时，还需广泛传播体育健身对人们生活的积极正面影响，以此激发全社会对健身活动的热爱与参与热情，从而最终达到提升公众对社会体育认知水平的目的，推动全民健身事业的可持续发展。

2.将经济落后地区的群众体育事业作为重点进行发展，做好资金保障工作

我国经济在地域层面展现出明显的差异性特征，特别是在东西部以及城乡之间存在着不容忽视的经济差距。这种不均衡现象在社会体育领域也有所反映，部分经济相对滞后地区在社会体育发展方面面临着资金短缺、投入不足等多重挑战。鉴于此，国家应根据各地区经济发展的实际情况，对西部地区及农村地区等经济相对落后的地区给予资金和技术上的大力支持。此举旨在推动这些地区的社会体育事业健康发展，缩小地域间的经济差距。为消除经济因素对社会体育发展造成的制约，各地政府应着力提升自身的经济调控管理能力，制定并执行科学、合理的公共体育设施管理政策。通过优化资源配置、提高设施利用效率等方式，推动社会体育事业的全面发展，为人民群众提供更加优质的体育服务。此外，还应进一步加大

对公共体育设施建设和改造的投入力度，以改善社会体育设施条件。对于在全民健身活动推广方面表现积极的单位应给予相应的财政和物质奖励，以激发社会各方面参与社会体育事业发展的积极性和热情。通过这些举措，共同推动社会体育事业健康发展。

通过上述措施，全面推动社会体育事业的健康、可持续发展，促进全民健身活动的深入开展，为构建和谐社会和实现中华民族伟大复兴的中国梦贡献力量。

3.建立健全全民健身的地方性法规

1995年，我国正式颁布并全面实施《全民健身计划纲要》。然而，在实施过程中发现，能够严格遵循该纲要的地方并不多。大部分地区在推进全民健身的详细计划和工作部署时并未严格按照既定的规章制度执行，这在一定程度上制约了全民健身事业的全面发展。此外，体育市场管理机制的缺陷也限制了《全民健身计划纲要》中具体规定的有效执行。

针对当前情况，各地政府应紧密结合本地实际，制定一套具备高度执行力的规章制度，将社会体育工作纳入法制化管理的轨道。此举将为开展社会体育工作提供明确的法律依据和操作规范，进而推动群众健身活动走向制度化和日常化。此举不仅有助于实现全民健身的宏伟目标，更能有效提升广大人民群众的身体素质和健康水平，促进社会的和谐稳定与发展。

五、民族传统体育的发展

（一）我国民族传统体育现阶段的总体发展情况

1.民族体育和竞技体育逐渐结合

在我国悠久历史文化的积淀之下，民族传统体育应运而生，并经过长时间的演变和发展取得了显著的成绩。这一成就的取得离不开民族传统体育与我国民族传统文化之间的协同发展，而这种协同发展的动力则源自民族传统体育所独有的文化特性以及丰富的文化内涵。

随着我国传统文化的蓬勃发展，民族传统体育的竞技属性也日益凸显，其竞技水平不断提高，竞技形式也日趋多样化。民族传统体育在吸收竞技体育先进元素和理念的基础上，不断进行自我革新和完善，使其既保留了民族文化的特色，又具备了现代竞技体育的竞技性。展望未来，民族体育与竞技体育的交融将更加多样化和深入。

2.民族民俗体育活动不断增加

中国作为一个多元民族和谐共处的国家，各民族均拥有独特且鲜明的文化传统与习俗，这些习俗深刻展现了各民族别具一格的特色。民族传统体育活动既充分展现了各民族独具一格的风格，又蕴含着深厚的文化精神。在多元文化的交流与融合之下，民俗体育活动迎来了新的发展机遇，呈现出形式多样、特色各异的特点。这些民俗体育活动不仅娱乐性极强，更富含浓厚的民族风情，对广大公众产生了广泛而深远的影响。

中国政府高度重视民族传统体育的保护与发展，从政策、资金、人才培养等多方面给予支持，极大地促进了民俗体育的繁荣。这种支持使各民族的体育活动得以广泛开展，不仅弘扬了民族文化，也增强了民族的凝聚力和文化自信。

3.在学校教育中的开展力度不足

在中华民族传统体育的发展史上，学校教育一直扮演着至关重要的角色。尽管民族传统体育的传播途径广泛，但学校教育在推广和传承这些体育活动中具有不可替代的作用。为了促进中华民族传统体育的持续发展，加强其与学校教育的结合显得尤为关键。

目前，现代体育项目如篮球、足球和游泳等在我国的学校教育中占据了重要位置，广受学生欢迎，并成为他们课外活动的首选。相比而言，学校在推动民族传统体育活动方面的努力则显得相对不足。在应试教育的影响下，学生面临升学压力，往往牺牲体育锻炼的时间来专注于文化课程的学习。学校为了提高升学率，有时也会减少体育课的时间，导致体育教学变得形式化。这种情况无疑限制了学校教育在传承和弘扬中华民族传统体育精神及文化方面的作用的发挥。

（二）我国民族传统体育发展的策略

1.保障民族传统体育的传承

（1）制定战略性规划

民族传统体育传承是一项庞大且复杂的系统工程，它涉及人力资源、物质保障以及财政支持等多个关键层面。鉴于其深远的意义和艰巨的任务特性，短时间内难以取得显著成果，因此必须摒弃急躁冒进的心态，以稳健务实的态度推进工作。

首要之务在于制定一份全面而长远的发展规划，这不仅为民族传统体育的传承奠定了坚实的基础，也为其稳健发展提供了有力的保障。我国相关部门需深入剖析民族传统体育的基本特性，结合长期规划和整体发展策略，精心设计切实可行的长远发展规划与实施方案。在规划方案的制定过程中，应明确轻重缓急。一般而言，长远发展规划应包含方向与目标、约束与政策、计划与内容三个核心要素。通过科学规划和合理布局为民族传统体育的传承和发展提供有力的指导和支持，推动其健康、稳定、可持续地向前发展。

（2）充分发挥政府的作用

经过深入的历史回顾与现实考察，为确保民族传统体育传承工作能够沿着正确的轨道稳步推进并达成既定目标，政府的行政介入在其中发挥着举足轻重的作用。民族传统体育的生存状态、持续传承以及创新发展，若缺乏政府从政策层面给予的坚定支持和有力引导，将面临被边缘化的潜在风险，甚至可能逐步丧失其固有的核心价值与独特魅力。因此，政府所出台的一系列相关政策，为民族传统体育的传承与发展提供了坚实可靠的制度保障。

（3）加强对专业人才的培养

在推进民族传统体育的传承、管理与发展进程中，提升个体素质的重要性不言而喻。然而，当前我国在民族传统体育传承管理领域正面临着人才匮乏的严峻形势。现有从业人员在专业素养方面存在明显不足，这导致他们在履行传承与管理职责时往往感到力不从心，难以达到既定的目标和要求。

鉴于这一现状，我国必须坚定不移地贯彻实施"引进来"与"走出去"的战略方针，着力优化人才成长的环境与条件，为优秀人才的脱颖而出和全面培养奠定坚实基石。同时，还应积极拓宽培养视野，深入挖掘多样化的培养路径，不断丰富培养内容，创新培养方式，以期切实提高人才培养的成效，从而更好地满足民族传统体育传承与发展的迫切需求。

2.加大民族传统体育保护力度

（1）动员社会各界力量来保护

民族传统体育的传承与保护是一项艰巨且持久的使命，单纯依赖国家、政府及传承人的努力，难以实现既定的目标。为此，必须广泛动员社会各界力量，统筹协调各方资源，形成强大的合力，共同推动民族传统体育的传承与保护事业稳步发展。

（2）重点保护非物质文化遗产

在推动民族传统体育的稳健发展中，保护民族传统体育非物质文化遗产是一项至关重要的任务。为实现这一目标应着重从以下两大方面展开工作。

①拓展公众参与渠道。在民族传统体育的保护工作中，人民群众的核心地位不容忽视，其文化素质水平对于保护与传承的最终效果具有决定性的影响。因此，必须致力于提升广大民众的文化素养，并拓宽他们参与保护的渠道。具体举措如下。

第一，应当积极倡导和拓展全民健身运动，利用民族传统体育的普遍适应性满足各个群体的多样化健身需求。这样做有助于提升公众对民族传统体育的认同感，并激发更广泛的参与热情。

第二，应当深入探索各个民族传统体育项目的独特吸引力和文化精髓，并通过建立专门的运动场所、俱乐部等，来加强对这些体育项目的推广和普及。这样可以吸引更多的人群去了解和积极参与民族传统体育活动。

第三，建立民族传统体育博物馆，参考中国武术博物馆等成功案例的运营模式，创建一个集展览、研究和教育等功能于一体的综合平台。这样的平台将使参观者能够全面深入地体验和理解民族传统体育的丰富文化内涵和独特魅力。

②树立品牌。随着社会经济的蓬勃发展和人民生活水平的显著提高,人们对于生存方式的关注呈现出逐渐减弱的趋势,而对于文化享受的追求却日益增强。民众参与民族传统体育活动不仅是为了增进健康、陶冶情操,更是为了深入体验和感受中华民族丰富而深厚的传统文化魅力。但受限于时空条件,单纯通过民族传统体育活动难以满足这一深层次的文化需求。因此,我们必须深刻认识到品牌意识的重要性,致力于塑造具有鲜明特色的民族传统体育非物质文化遗产品牌。这包括但不限于规划建设专业化的民族传统体育产业园区、打造富有特色的民族体育休闲区等,以全面展现民族传统体育在休闲、娱乐和趣味等方面的多元优势。通过这些举措旨在让广大民众在参观和欣赏的过程中,能够真切地感受到中华民族独特的风土人情、丰富多彩的风俗习惯以及博大精深的民族文化,从而进一步推动民族传统体育非物质文化遗产的传承与发展。

六、体育产业的发展

(一)我国体育产业发展的必要性

1.体育产业科学发展是推动经济良性发展的重大举措

在2017年的中央经济工作会议上,中国明确了经济发展的新宏观指导原则,即向高质量发展转型。这一转型的核心目标是更全面地满足人们对美好生活的追求,并深入实施全新的发展理念。在这一原则的指导下,创新被定位为推动发展的关键引擎,协调发展被看作内在的需求,绿色发展被定义为普遍的发展方向,开放被认定为发展的必要途径,而共享则被视为发展的终极目标。这一重大决策标志着中国经济已经从以往的高速增长阶段转向了高质量发展的新阶段,开启了新的历史篇章。在这样的宏观背景下,体育产业被赋予了多重关键任务。体育产业提供的产品和服务,尤其是那些高效优质的选项,正日益成为公众的迫切需求。因此,体育产业在推动供给侧结构性改革中起着至关重要的作用。同时，体育产业还具有强大的联动效应，能够将农业、制造业以及服务业等不同经济领域紧密地联系起来，并对这些产业的可持续性发展产生积极影响。通过这种方式，体育产业为中国经济的转型升级提供了新的动力，促进了经济的稳定与可持续发展。

2.体育产业科学发展是满足人民美好生活需要的重大举措

根据党的十九大的深入分析和审慎评估，中国社会的主要矛盾已经转变为人民日益增长的对美好生活的需求与不平衡、不充分的发展之间的矛盾。为了有效应对这一矛盾，加强民生经济建设显得尤为迫切。在这一背景下，体育产业作为民生经济的重要组成部分，不仅承载着人们对幸福生活的追求，也展现了其独特的社会价值。虽然体育产业在本质上是一种经济活动，涉及资金的投入和经济效益的产出，但其核心价值在于提升公众的生活质量。体育产业在满足人民从出生到老年全生命周期对美好生活的向往中发挥着不可替代的作用。对青少年而言，体育产业是他们掌握体育技能、增强体质、为健康成长打下基础的关键领域；对中年人来说，体育产业提供了减轻工作压力、增添生活乐趣、提高生活满意度的有效方式；而对老年人群体而言，参与体育活动是延长健康寿命、提升生活幸福感的重要途径。随着时间的推移，体育产业在满足人民对美好生活需求的过程中将发挥越来越重要的作用，成为推动民生经济发展的强大动力。

（二）我国体育产业的发展对策

1.把握现状，精准剖析体育产业发展的新趋势

（1）在社会主要矛盾转化的背景下，体育产业发展的需求更加旺盛

从宏观社会角度审视，公众对健康生活方式的渴望实际上映射出对体育产业的持续且迫切的需求。当前，我国全民健康水平正处于稳步提升之中，展现出了稳定而向上的发展态势。然而不容忽视的是，我国目前的人均体育消费水平仍然较低。展望未来，如果体育消费水平能够实现显著提升，并且参与体育锻炼的人口数量也大幅增加，那么体育产业的总体需求，尤其是家

庭体育消费市场，无疑将迎来快速且显著的增长。这一预期不仅为我国体育产业的稳定增长提供了坚实的信心和动力，而且充分揭示了我国体育产业所具备的巨大发展潜力和广阔的市场前景。

（2）在高质量发展的背景下，体育产业成为各相关产业发展的新动能

体育产业凭借其卓越的融合能力，通过跨界合作和空间整合等多种方式，不断推动与体育相关的其他行业的深度结合。这种融合不仅催生了众多创新产品和新兴业态，而且在促进相关产业发展方面发挥了至关重要的作用。以旅游产业为例，当前旅游行业的从业者已经意识到，仅依靠传统的景区门票收入来推动旅游消费的模式逐渐变得不可持续。为了吸引更多的回头客并提升旅游产品的市场竞争力，将体育元素有效地融入旅游产业显得尤为关键。通过体育与旅游的结合，可以开发出新的旅游体验项目，如体育赛事旅游、户外探险旅游等，这些项目不仅能够丰富旅游产品的内容，也能够为游客提供更加多元化和个性化的选择。

对于众多产业而言，要实现高质量的增长，必须依赖于内容的不断创新、发展动力的持续提升以及市场竞争力的不断提升。而体育要素的融入正是实现这一高质量增长目标的关键所在。这既充分展现了体育的独特魅力与广泛影响力，也凸显了体育产业在推动社会经济发展中应当发挥的积极作用。

（3）在体育强国建设的背景下促使体育资源和要素向产业集聚

将举国体制与市场机制进行有机融合，对于我国构建体育强国具有至关重要的战略意义。然而，当前我国在举国体制与市场机制的实践运用中仍存在诸多不足，亟待加强改进。真正的"举国体制"应在中国共产党的坚强领导下，实现政府各部门之间的协同合作与高效运转。但当前，体育部门与相关部门之间的联动机制尚不够紧密，跨部门协作的效率和效果有待进一步提升。同时，市场机制在资源配置中的决定性作用尚未得到充分发挥。许多企业资源尚未得到有效整合和利用，市场配置资源的能力和效率亟待提升。因此，必须既完善"举国体制"，加强政府部门的协同合作，又激发市场机制活力，推动市场主体积极参与体育产业发展。通过确保"举国体制"与市场机制的紧密结合，促进各项要素的有序流动和高效配置，提高资源配置效率，推动体育产业的高质量发展和竞争力提升。

（4）在生态文明建设过程中将体育产业作为"绿水青山变金山银山"的重要载体和手段

作为一项绿色产业，体育产业具有深远的意义。众所周知，良好的生态环境与丰富的自然资源就如同金山银山，具有无法估量的价值。当前，我们面临的主要任务是如何将这些自然资源转化为实际的经济效益。体育产业在此方面扮演着至关重要的角色，它是实现绿水青山向金山银山转化的重要途径。以福建南平为例，南平市政府已经明确将体育产业作为推动经济社会发展的重要力量。当地人们深刻认识到，在保护生态环境和推进生态文明建设的大背景下，体育产业具有巨大的发展潜力和广阔的前景。此外，2018年全国体育产业发展大会上的典型案例展示也进一步印证了这一点。这些案例中的体育综合体大多位于风景秀丽的自然环境中，它们充分利用了当地的自然资源，通过发展体育产业，实现了生态环境的保护与经济效益的双赢。因此，我们应当充分认识到体育产业的重要性，积极推动其发展，以实现绿水青山与金山银山的和谐共生。

2.紧扣目标，准确把握新时代体育产业发展思路
（1）以体育产业规划为引领

体育产业的蓬勃发展必须建立在科学规划和有效引导的坚实基础上，我国政府机构需要切实执行法律赋予的职责，充分发挥其在政策制定和规划布局中的核心作用，以有效促进体育产业的合理化生产和投资，进而激发企业和民间资本的潜力。

为了达成这一目标，各级体育行政部门需与相关部门紧密合作，遵循国务院46号文件的指导方针，加速制订并执行地方体育产业发展的具体规划。明确产业发展的重点领域，并以构建完整的产业链和产业集群为主要目标。同时，各地区应根据自身特点制定差异化的发展策略，避免产业同质化和资源的无效投入，确保体育产业在不同地区的均衡发展。此外，跨部门的产业融合也应受到重视，需要制定统一的战略规划，确保体育产业规划与地区的经济社会发展、城市建设以及乡村振兴等其他规划相互协调、相互促进，实现规划的综合性效益。

（2）以本体产业为核心

体育产业主要由本体产业与衍生产业两大板块组成，本体产业在其中扮演着至关重要的角色。具体而言，本体产业涵盖了诸如运动项目产业、健康服务业、体育人才培训产业、体育俱乐部运营以及体育版权贸易等多个细分领域。这些细分领域共同构筑了体育产业的主体架构，并在推动体育产业全面、健康、持续的发展进程中发挥着举足轻重的作用。

（3）以体育综合体为抓手

作为多元化且综合性极强的消费形式，体育消费对体育产业的持续发展有着举足轻重的意义。体育综合体作为支撑体育产业进一步壮大的关键要素，其重要性不容忽视。因此，政府将着力推进体育综合体的建设与发展，利用其多元化、全方位的服务模式，促进体育消费的升级转型。

家庭体育消费作为一种具有显著综合性的消费方式，能够在家庭成员间产生广泛的影响。体育综合体能够满足不同年龄层家庭成员的多样化需求，为家庭成员提供全面的体育服务。对于老年人而言，他们可以在体育综合体中参与如木球、门球等休闲体育活动，享受身心的愉悦；儿童可以接受击剑、跆拳道等体育技能培训，培养对体育的兴趣；青壮年则可以在综合体内进行健身、打球，释放工作压力、消除疲劳。这种全方位、多层次的服务模式不仅满足了家庭成员的多样化需求，也为体育产业的健康发展注入了持续动力。

（4）以市场为主体

作为社会经济发展的基石，企业承担着创造财富的重要使命。政府在推动经济发展的过程中，应将扶持和培育具备国际竞争力的大型企业作为核心目标。当前，尽管我国体育企业数量在不断增加，但与国际顶级体育企业和机构相比，我们的知名体育企业在品牌影响力和市场份额上仍与国际品牌企业存在一定差距。但值得注意的是，我国众多体育企业仍具备巨大的发展潜力。政府部门应重点加强对这些企业的支持，助力其提升品牌影响力和市场竞争力。同时，政府还需关注体育产业中小企业的培育和发展，为它们提供更多的政策支持和市场机会。

市场主体的数量和活跃度是衡量体育产业高质量发展的关键指标。因此，政府部门应通过各种措施，鼓励更多的创业者投身于体育产业，引导转型企业关注体育产业发展，并激励双创企业加大对体育产业的投入力度。通过这些举措，我们可以期待体育产业在未来实现更高质量的发展。

（5）以"体育+"和"+体育"为路径

体育产业作为经济活动中的重要一环，其独立发展难以形成显著规模，因此，积极融入更广泛的经济体系显得尤为关键，如此才能推动体育产业实现跨越式发展。

在这一过程中，政府应充分发挥引导作用，推动体育产业与旅游、养老、文化、科技、教育等多元产业深度融合。这不仅是提升体育产业自身竞争力的需要，也是推动整个经济体系优化升级的重要举措。

在推动体育产业深度融合的过程中必须坚守"三个有利于"原则。即只要有利于增进民生福祉、只要有利于产业壮大、只要有利于构建现代化强国，各级部门就应勇于担当，自觉自愿，坚定不移地推进。不应过分计较个人或部门的得失，而应着眼于全局和长远利益，共同推动体育产业的健康发展。此外，相关部门还应致力于推动体育产业统计体系的科学化发展。通过完善统计制度、提高数据质量、加强数据分析等方式，为体育产业的健康、可持续发展提供坚实的数据支撑。

（6）以产业园区、基地和大数据为平台

当前，我国已正式步入平台经济发展的新阶段，体育产业作为重要组成部分，必须紧密围绕当前经济运行规律，将平台拓展置于核心发展议程。以体育产业园区为例，目前我国各地体育产业园区的数量尚显不足，因此政府亟待出台一系列政策举措，以推动此类平台逐步向成熟化发展阶段迈进。政府还需积极构建体育产业数据平台、产业投资基金以及工程技术服务中心等多元化平台，通过平台的不断建设和完善，为体育产业的快速发展提供坚实支撑。然而我们也必须清醒认识到，在体育部门独立运营此类平台的过程中，面临着人才储备不足和综合实力薄弱的双重挑战。因此，应充分发挥市场机制的作用，激发市场主体的积极性和创造性，以期实现体育产业发展的最佳效果。这将有助于推动我国体育产业在平台经济的新时期实现更加稳健、可持续的发展。

（7）以创新为动力

体育产业创新呈现全方位态势，市场普遍认为，如果体育产业未能及时转型，将陷入发展困境之中。因此，积极推动产业转型、加速创新步法显得尤为关键。创新涵盖技术创新、内容创新以及商业模式创新等多个维度，这些创新元素共同促进了体育产业的持续健康发展。以大型体育场馆为例，当前部分场馆仅限于提供培训和举办体育赛事，并过度依赖租金收入，这种相对低端的产业形态已无法满足高质量发展的需求。为实现体育产业的高质量发展，必须将创新作为核心驱动力，推动产业的全面升级。

（8）以体育产业政策为保障

经济的繁荣发展离不开优质环境的滋养。而要构建这样的环境，政策的引导与优化作用至关重要。目前，我们需要将注意力集中在如何切实有效地执行政策，将其转化为促进经济增长的有利条件，为创业者和企业家提供稳固的保障。

3.突破发展瓶颈，为体育产业发展提供良好环境

（1）突破国内国外两个市场开拓的瓶颈

多位知名企业家指出，目前其经营的产品在生产能力和技术水平上均已达到世界领先水平，然而当前的主要挑战在于如何进一步扩大消费基础和市场份额。为实现这一目标，关键在于积极推动全民健身运动，通过深入宣传和有效实施"六个身边"工程，以激发更广泛的国内消费需求。同时，企业也需积极寻求拓展国际市场，特别是加强与周边国家的经贸合作，以进一步提升企业的全球竞争力。

（2）突破产业政策完善与落实的瓶颈

体育总局应持续加强与地方政府及相关部门的沟通协作，针对税收政策、水电价格、金融保障及安保成本等核心政策议题，加大工作力度。针对当前存在的政策瓶颈问题，需联合相关部门，深入研究和细化相关产业政策，以保证政策的科学性、合理性和实施效果，为体育产业的健康发展提供有力保障。

（3）突破媒体服务瓶颈

体育总局致力于促进媒体市场的良性竞争，从而保证体育版权的价值得以充分展现。近年来，体育总局正积极筹备建立专属电视台，不仅如此，体育总局还与中国国际广播电台等机构携手共同打造极限运动频道、冰雪运动频道等一系列体育专题频道，以满足广大观众的多样化需求。

第五节　乒乓球运动助力体育强国建设

乒乓球这项运动虽源自英国，但在中国得到了广泛的推广与发展，现已成为中国的标志性体育项目。它不仅是一项体育竞技活动，更是一种文化的传承和体育精神的展现。在我国体育事业不断壮大的进程中，乒乓球运动凭借其独特的魅力和丰富的内涵，发挥着不可或缺的作用。

一、乒乓球运动的历史传承与广泛影响

乒乓球运动自传入中国后，便在这片土地上落地生根，并逐渐壮大。多年以来，中国乒乓球经历了不断地创新与发展，形成了独特的风格和技术体系，并在国际舞台上取得了卓越的成绩。从容国团夺得首个世界冠军到"乒乓外交"开创外交新纪元，再到历代国手的辉煌战绩，乒乓球运动在中国的发展历程堪称传奇。

乒乓球的深远影响不仅局限于竞技层面，更深入到社会的各个层面。无论在学校、社区还是企事业单位，乒乓球都备受人们的喜爱。它不受年龄、性别和身体状况的限制，几乎所有人都能参与。这种广泛的群众基础使乒乓球运动在普及体育知识、提高国民体质方面发挥了至关重要的作用。

二、乒乓球运动在普及体育知识中的积极作用

乒乓球以其独特的魅力和广泛的适应性已成为推动体育知识普及的重要力量。

在学校教育领域，乒乓球课程占据了举足轻重的地位。通过系统的教学

和专业的训练，学生能够熟练掌握乒乓球的基本技能和比赛规则，深刻领会乒乓球运动的科学性和规律性。乒乓球比赛则为学生提供了宝贵的实践机会，使他们在激烈的竞技中感受运动的乐趣，培养团队合作和公平竞争的精神。

在社会领域，乒乓球运动同样扮演着举足轻重的角色。各类乒乓球俱乐部、活动中心等场所如雨后春笋般涌现，为广大乒乓球爱好者提供了展示才华、交流技艺的平台。通过这些场所举办的丰富多彩的比赛和活动，人们能够更深入地领略乒乓球运动的魅力，提升自身对体育运动的认知和兴趣。

三、乒乓球运动在提升国民体质中的重要作用

乒乓球运动作为一项综合性体育活动，其对于人体的反应速度、协调性与耐力均有所裨益。经常参加乒乓球运动还能有效增强心肺功能，促进身体素质的整体提升。长期坚持参与乒乓球运动，无疑将改善个人的身体健康状况，进而提升整体健康水平。

对于青少年群体而言，乒乓球运动的重要性更是不言而喻。通过参与乒乓球的训练与竞赛，青少年能磨炼意志品质，培养团队协作精神与竞争意识，为未来的全面发展奠定坚实基础。

值得一提的是，乒乓球运动还具备独特的康复与保健作用。对于某些慢性病患者及老年人而言，适度的乒乓球活动不仅有助于改善其身体状况，缓解病情，更能在一定程度上延缓衰老进程。因此，乒乓球运动在提升国民体质方面所发挥的作用不容忽视，其实质性的强身健体贡献亦无可替代。

四、乒乓球运动在弘扬体育精神中的独特价值

乒乓球运动不仅是一项体育竞技，更是一种精神的传承与发扬。在乒乓

球的竞技场上，参赛者所展现出的坚忍不拔、百折不挠的精神风貌成为激励大众不断追求卓越、勇攀高峰的强大驱动力。乒乓球运动不仅是一场技术的角逐，更是一场意志品质的较量。在竞赛过程中，参赛者需克服种种困难和挑战，不断调适自身心态与策略，以最佳状态迎接每一次挑战。此种精神风貌不仅为参赛者所独有，也感染着每一位观众，激励他们在日常生活与工作中不断追求卓越、自我超越。乒乓球运动还注重公平竞争与尊重对手。在赛场上，无论对手强弱，均应以公平、公正的态度相待，尊重对手的努力与付出。此种精神不仅彰显了体育竞技的本质，还传递了人类文明的核心价值观念。

五、乒乓球运动在推动体育产业发展中的积极作用

乒乓球运动在体育产业快速发展的背景下迎来了崭新的发展机遇。乒乓球赛事、培训、器材等相关产业的蓬勃发展不仅为经济增长和就业提供了新的动力，更在多个方面展现出其独特的价值。

在赛事方面，乒乓球比赛的举办吸引了广大观众和媒体的广泛关注，为经济增长注入了新的活力。从门票销售到广告赞助，再到电视转播等各个环节，乒乓球赛事都为经济增长作出了积极贡献。此外，赛事的举办还有助于推动城市基础设施建设和形象提升，为城市的可持续发展注入新的动力。

在培训和器材市场方面，乒乓球运动同样展现出强大的发展潜力。越来越多的人选择参与乒乓球培训，以提高自己的技能水平。随着科技的不断进步和创新，乒乓球器材的质量也得到了显著提升，满足了不同消费者的多样化需求。

六、乒乓球运动在国际交流中的桥梁作用

作为中国的一项传统优势体育项目，乒乓球早已在国际赛场上独领风骚，展现了其非凡的影响力和竞争实力。中国乒乓球队参加国际赛事和交流活动，不仅展现了中国运动员的高超技艺和坚忍不拔的拼搏精神，赢得了全球观众的尊重和喜爱，更在无形中传递了中国的文化魅力和人民的友好热情。

在国际竞技场上，中国乒乓球队的运动员们凭借超凡的技艺和顽强的毅力，屡次摘得桂冠，为中国赢得了荣誉。他们的每一次精彩表现都让世界看到了中国乒乓球的雄厚实力，更让世界感受到了中国人民的热情好客和真诚友善。中国也致力于举办各类国际乒乓球赛事和交流活动，为全球的运动员和观众搭建了一个相互学习、交流技艺、增进友谊的平台。这些活动不仅促进了乒乓球运动的普及和发展，更在无形中拉近了中国与世界各国人民的距离，增进了友谊。

值得一提的是，乒乓球运动已经成为中国与其他国家开展文化交流和民间外交的重要桥梁。通过乒乓球这一共同的语言，中国与他国的人们得以更深入地了解彼此，感受彼此的文化魅力，从而增进了相互之间的友谊和合作。这种以球会友、以球促交的方式，为国际关系的和谐注入了新的活力和动力。

总体来说，乒乓球运动不仅是中国体育事业的一张亮丽名片，更是中国与世界交流的一座重要桥梁。未来，我们有理由相信，乒乓球运动将继续在国际赛场上展现其独特的魅力和影响力，为中国与他国的友好交往和合作搭建更加坚实的平台。

第二章

我国高校高水平乒乓球队的发展现状分析

乒乓球运动在中国拥有深厚的历史底蕴和广泛的群众基础，是中国体育事业的重要组成部分。近年来，随着国家对体育事业的高度重视和大力发展，高校高水平乒乓球队作为培养优秀乒乓球人才的重要基地，其发展水平受到了广泛关注。本章将主要以江西省为例对我国高校高水平乒乓球队的发展现状进行深入分析，以期为高校高水平乒乓球队未来的发展提供有益的参考和启示。

第一节 办队现状

一、江西省7所高校和上海交通大学招收高水平运动员的基本情况

（一）南昌大学

南昌大学是江西省唯一一所国家"211"工程的重点大学，具备丰富的

体育品牌资源,在2001年被教育部批准为高水平运动队试点院校。南昌大学的教育学院下设有体育系,师资力量雄厚,并且从2001年起,学校在全国范围内招收了一大批篮球、排球、足球和田径等项目的高水平运动员,但目前为止,南昌大学还没有建立高水平乒乓球运动队。南昌大学的体育设施十分完善,学校投资了1个多亿用于兴建高标准的体育馆、田径场、游泳馆和综合球类馆等设施,这为建设高水平乒乓球队打下了良好的基础。

(二)华东交通大学

华东交通大学在1995年被国家教委(1998年更名为"教育部")确定为全国53所高水平运动队试点院校之一,华东交通大学在1989年成立了体育系,2000年提升为体育学院。在体育师资力量、运动员生源、运动设施等方面具有一定的竞争实力。华东交大的训练场馆齐全,并且拥有较完整的高水平运动队管理制度和成功的办队经验。

(三)江西财经大学

江西财经大学体育学院于2003年6月正式成立。其前身为江西财经大学军事体育部,现成立学院与国防教育部合署办公。专项体育课开设的项目有篮球、排球、足球、乒乓球、网球、健美操、轮滑、体育舞蹈、散打、武术、跆拳道、保健、瑜伽等。体育学院现有社会体育本科专业一个,主要为社会培养体育经营与管理人才、体育经纪人、企业管理人才、体育营销人才,没有成立高水平乒乓球队。

(四)江西师范大学

江西师范大学是江西省最早(1985年)被国家教委批准试办高水平运动队的院校。该校设有体育学院,多年来一直在我国各省范围内招收大批的高水平运动员,学校的高水平运动队主要包括田径、篮球、排球、足球、跆拳道等项目,目前高水平乒乓球队还没有创建。

（五）江西农业大学

江西农业大学没有成立体育系，但是成立了江西农业大学军事体育部，学校投资了7千万建设高规格体育馆、田径场、球类综合馆和室内游泳馆。但并没有成立高水平乒乓球队。

（六）南昌科技大学

南昌科技大学后更名为"江西科技师范学院"，体育学院的体育教育学是江西省"十一五"重点学科，体育教育专业是江西省品牌专业，拥有体育教育训练学硕士授予权。有健美操、篮球、网球、散打等高水平运动队，暂未成立高水平乒乓球队。

（七）赣南师范学院

赣南师范学院是被江西省教育厅命名为"江西省体育教学训练学'十五'重点学科"的两所高校之一。学校师资力量雄厚，有体育教师64人；科研力量较强，体育教学成果丰硕。目前，学校在新的校园区投资几千万元，兴建了一流的能进行田径、篮排、乒羽、体操，武术、网球等多项目专业训练的体育场馆。学校于1997年创办了高水平乒乓球队，有高水平乒乓球队队员18人。

（八）上海交通大学

上海交通大学体育系成立于1986年，现为交大直属单位之一。经过二十多年的建设，已经形成了拳操、小球、田径、大球、群体、竞赛训练六个教研室，先后建立了"体育科研所""大学生体质健康测试中心""乒乓球国际交流中心""国家体育总局体育文化研究基地"和"大学生体育总会"，设置了"体育教育训练学"硕士点，先后确立了篮球、乒乓球、游泳、田径、网球、赛艇及健美操七个项目的高水平运动队。

通过对比我们可以看出，不仅江西省各大高校乒乓球队与上海交通大学的高水平乒乓球队有较大的差距，而且江西省内乒乓球队建立的时间和规模都相差很大。仅有两所高校，即赣南师范学院和华东交通大学建立了乒乓球球队，由此高水平乒乓球队在江西省的发展还相当滞后。南昌大学、南昌科技大学以及江西师范大学已经拥有比较好的师资力量和教学设施，但是还没有高水平乒乓球队，通过走访调查，这几所高校的相关人员表示他们打算或正在筹划建设本校的乒乓球队，但是因为诸多问题而陷入了困境，导致建设乒乓球队的计划搁浅。

二、体制和运行模式的现状与分析

目前江西省高校高水平运动管理系统包括外部领导和内部管理体制，这一点和上海交通大学的高水平运动管理系统如出一辙。

（一）外部领导体制

在我国，各级各类学校工作大部分由国家教委统一领导。江西省的高校体育工作都由省教委体卫艺处统一领导。近几年来，江西省建立了大学生体育协会，负责管理高校竞技体育。

（二）内部管理体制

江西省高校高水平运动队的内部管理主要是学校的主管体育校长，下设高水平运动队领导小组，分管招生办，教务处，总务处和体育部；下面又细分为领队，负责政治思想；班主任，负责学习和生活管理；教练员，负责训练与比赛工作。

第二节　运动员与教练员的基本情况

一、高水平乒乓球运动员的情况

（一）高水平运动员的生源情况

表2-1　高水平运动员生源情况

生源	江西省各高校 人数（人）	江西省各高校 比例（%）	上海交通大学 人数（人）	上海交通大学 比例（%）
普通高中生	119	68.7	25	73.5
省市业余体校	44	25.2	6	17.6
省市体工队	10	6.1	3	8.8
总计	173	100	48	100
本省	55	31.7	13	26.5
外省	118	68.3	35	73.5
总计	173	100	48	100

从表2-1可见，江西省高校高水平运动员的来源大部分是普通高中生，有119人，占68.7%，省市业余体校学生占25.2%，省市体工队队员占有比例最小，只有6.1%。而上海交通大学高水平运动员中普通高中生所占比例略高，这是因为上海交通大学主要采取的是"一条龙"的办学体制，小学、中学和大学形成三级训练网络，层层对口衔接，小学打基础，中学逐渐成材，大学出尖子。

通过生源情况对比发现，上海交通大学的外省生源比例远高于本省的生源，这是因为上海交通大学相较于江西省各大高校，对优秀的运动员有更大吸引力。与之相较，江西的外省生源也占了很大比例。由此可见，江西省在打破本省的地域限制，广泛引进外部人才这方面做得还是比较好的。

（二）高水平乒乓球运动员的等级情况

表2-2 高水平乒乓球运动员的等级情况

高校			运动等级			共计
			二级运动员	一级运动员	健将级以上	
江西省各高校	高水平运动队队员	人数（人）	125	40	8	173
		比例（%）	72.50	23.1	4.6	100
	高水平乒乓球队员	人数（人）	12	8	15	35
		比例（%）	72.90	22.9	4.2	100
上海交通大学	高水平运动队队员	人数（人）	14	20	14	48
		比例（%）	30.6	41.30	28.6	100
	高水平乒乓球队员	人数（人）	6	9	7	22
		比例（%）	27.3	40.9	31.8	100

如表2-2中的各项数据所示，在江西省高校高水平运动员等级情况调查中，健将及以上级别只有8人，占4.6%，一级有40人，占23.1%，二级有125人，占72.50%。由此可见，江西省高水平运动员以二级居多，水平并不是很高，乒乓球队中健将和健将级以上的人仅占4.2%。由此可见，乒乓球队的建设在江西省高校的高水平运动队伍中还处于相当薄弱的水平。而上海交通大学的高水平运动员中健将及健将级别以上的比例达到28.6%，其中乒乓球队的健将比例达到31.8%。

（三）高水平乒乓球队员完成大学课程情况

表2-3　高水平乒乓球队员完成大学课程情况

课程情况	江西省各高校 人数（人）	江西省各高校 比例（%）	上海交通大学 人数（人）	上海交通大学 比例（%）
不可能完成	2	5.7	1	4.5
非常难	8	22.9	6	27.3
有一点难	22	62.9	14	63.6
完成	3	8.65	3	13.6
共计	35	100	22	100

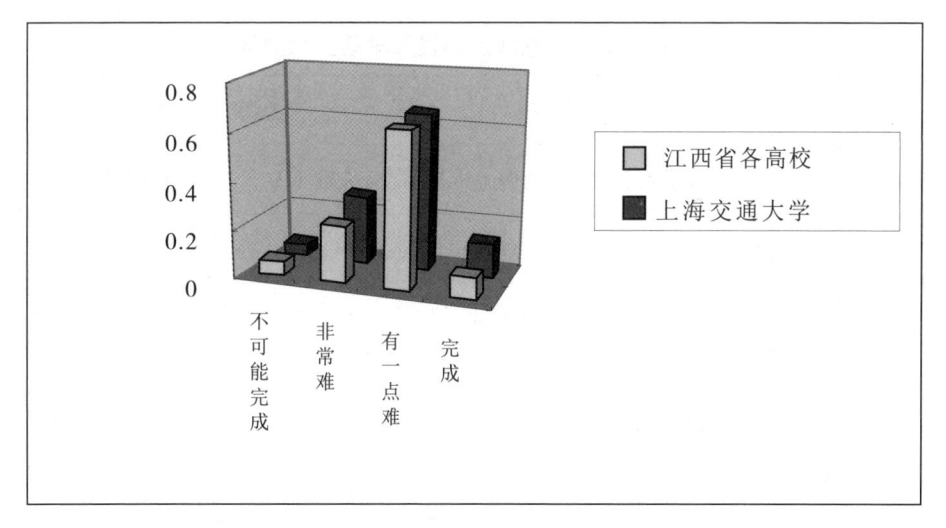

图2-1　高水平乒乓球队员完成大学课程情况

从表2-3可见，上海交通大学高水平运动员的课程完成情况总体好于江西省各高校高水平运动队的队员，这与科学的训练方法和合理的时间安排是分不开的。

上海交通大学高水平乒乓球运动队的训练方法以及训练时间的安排是十

分科学的。在训练方法上,上海交通大学一直以来都是采用以赛代练的方法,提高运动员的实战能力,形成良好的团队精神;依照每个运动员的自身特长,进行强化性个性训练,发挥个人在团队中的重要性;每天坚持早操训练,训练运动员的发球以及接发球技术,提高运动员全身的协调性以及整体综合素质。这些良好的训练方法都是上海交通大学在长期以来的实践经验以及训练经验中累积的,具有很高的实践意义以及借鉴意义。在训练时间的控制和利用上,追求的并不是长时间的训练,因为长时间的训练只会增加运动员的负荷量,带来体力上的疲劳以及心理上的不情愿。一般课余训练时间控制在2小时之内,根据每个人的不同体质情况进行针对性的训练,使每个运动员能够达到自己的100%的极限强度,但是不能过量。

(四)高水平乒乓球队运动员入学后文化成绩现状

表2-4 高水平乒乓球队运动员入学后文化成绩现状

文化成绩	江西省各高校 人数(人)	江西省各高校 比例(%)	上海交通大学 人数(人)	上海交通大学 比例(%)
很大提高	3	8.8	3	13.6
一定提高	11	32.4	10	45.5
表现持平	16	47.1	7	31.8
明显下降或有下降趋势	4	11.8	2	9.1
共计	34	100	22	100

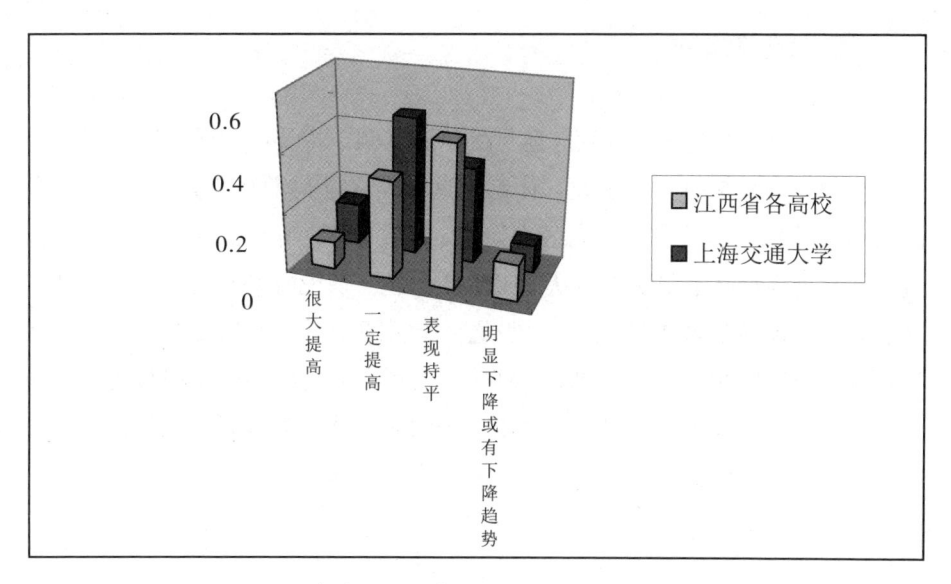

图2-2 高水平乒乓球队运动员入学后的文化成绩

从表2-4的数据可以看出，江苏省高校高水平乒乓球运动员认为自己的文化成绩有很大提高的有8.8%，有一定提高的有32.4%，感觉没有太大改变的有47.1%，感觉下降的有11.8%。而上海交通大学的乒乓球运动员中感觉有一定提高的比例占到了45.5%，感觉持平的有31.8%，也有9.1%的运动员的文化成绩出现了下降的趋势或者是已经有所下降。

从数据上可以得知，在加强运动员的训练时，运动员的文化素质培养并没有受到很大的重视。大多数的学校都只是抓训练，而不关注学习，这就是运动员群体中一直存在的"学"与"训"之间的矛盾。引起学训矛盾的原因主要包括以下几点：第一，一般来说，体育生的文化知识基础比一般学文理科的学生要差一点，这就让他们在常规的学习中感觉到吃力；第二，学校对于运动员的定位就是参加国家以及国际比赛，在比赛中取得良好的名次，而忽略了文化知识以及综合素质；第三，长时间以及强度大的训练让运动员的体力得不到正常的恢复，缺少充足的时间以及精力去学习。这些因素共同导致高水平运动员的文化综合成绩一直都处于比较低的水平。

（五）培养体制

上海交通大学高水平乒乓球队员的培养体制，主要有"转入"体制、"引进"体制、同时推行"一条龙"体制，这样能保证运动队实力。"转入"体制指部分优秀运动员在文化成绩达到一定的要求后，转向高校运动队。"引进"体制指高校高水平队直接从体工队"引进"现役或退役运动员，据对这几所高校运动队的调查发现："一条龙"体制即小学、中学和大学形成三级训练网络，层层对口衔接，建立"挂钩"关系，彼此间明确权利和义务，是小学打基础，中学逐渐成材，大学出尖子的阶段性培养体制。江西省高校的高水平运动队采取的主要是"转入"和"引进"体制。

二、教练员的基本情况

（一）教练员的年龄结构情况

表2-5　教练员年龄结构情况

性别	江西省各高校 人数	江西省各高校 比例（%）	江西省各高校 平均年龄	上海交通大学 人数	上海交通大学 比例（%）	上海交通大学 平均年龄
男	43人	87.8	42.3岁	17	75	44.4岁
女	6人	12.2	38.9岁	3	15	39.1岁
总计	49人	100	41.9岁	20	100	43.6岁

从表2-5可见，江西省各高校调查的教练员共有49人，其中男43人，女6人，平均年龄为41.9岁，大多数教练员年龄介于35—45岁，年龄结构大部分为中青年。调查的上海交通大学的高校教练员20人中，男女比例和江西省高校的几乎差不多，但是平均年龄比江西省高校的教练员高1.7岁。

（二）教练员执教年限、裁判等级和运动经历情况

表2-6　教练员执教年限情况

执教年限	江西省各高校 人数（人）	江西省各高校 比例（%）	上海交通大学 人数（人）	上海交通大学 比例（%）
3年以内	7	14.3	2	10
4～9年	17	34.7	7	35
10年以上	25	51	11	55
总计	49	100	20	100

表2-7　教练员裁判等级情况

裁判级别	江西省各高校 人数（人）	江西省各高校 比例（%）	上海交通大学 人数（人）	上海交通大学 比例（%）
国际级	0	0	1	5
国家级	11	22.4	13	65
一级	29	59.2	6	30
二级	9	18.4	0	0
无等级	0	0	0	0
总计	49	100	20	100

表2-8　教练员运动经历情况

是否有省队经历	江西省各高校 人数（人）	江西省各高校 比例（%）	上海交通大学 人数（人）	上海交通大学 比例（%）
有	10	20.4	13	65
没有	39	79.6	7	35
总计	49	100	20	100

从表2-6中可以看出，江西省高校教练员的执教年限大多数是在4年以上，占85.7%，执教年限在10年以上的有25人，占51%。从表2-7可以看出，江西省高校教练员中国家级裁判有11人，占22.4%；一级裁判有29人，占

59.2%；二级裁判有9人，占18.4%。从表2-8可以看出，江西省高校教练员中有省队运动经历的教练员有10人，占20.4%，没有省队运动经历的有39人，占79.6%。由此可见，江西省高校高水平教练员绝大多数都有多年的带队经历和组织比赛的能力，这也为开展高校高水平运动队的训练奠定了基础。但大部分教练员都没有省队运动经历，实践经验相对较少。

上海交大的教练员执教年限在4年以上的有18人，占90%；其中10年以上的有11人，占55%，这和教练员的平均年龄也有关系，江西省教练员的平均年龄要稍小于上海交大的教练员，这同时也说明江西省高水平运动队的发展还处于初级阶段。

（三）教练员职称、学历情况

表2-9　教练员职称情况

职务	江西省各高校 人数（人）	江西省各高校 比例（%）	上海交通大学 人数（人）	上海交通大学 比例（%）
助教	4	8.2	2	10
讲师	23	46.9	6	30
副教授	19	38.8	9	45
教授	3	6.1	3	15
总计	49	100	20	100

表2-10　教练员学历情况

学历	江西省各高校 人数（人）	江西省各高校 比例（%）	上海交通大学 人数（人）	上海交通大学 比例（%）
硕士以上	8	16.3	7	35
本科	41	83.7	13	65
专科	0	0	0	0
总计	49	100	20	100

江西省高校高水平运动队教练员职称调查结果显示,讲师及以上的占91.8%,其中副教授占38.8%,教授占6.1%,讲师占46.9%。表2-10的调查结果显示江西省高校高水平运动队教练员均有本科及以上学历,其中具有本科学历的教练员占83.7%,硕士及以上的教练员占16.3%。而上海交大的硕士以上学历的教练员有35%,教练员中讲师以上的占90%,其中副教授有45%,教授占15%,这是一个职称结构高的教练员队伍。通过对比可以发现,江西省教练员队伍多为本科学历,高学历水平的不多,而且大多数的教练员为讲师职称,可见,科研水平较低,缺少具有教授、副教授职称的科研队伍。

(四)教练员科研情况

表2-11 教练员对科研重要性的认识

科研重要性	江西省高校		上海交通大学	
	人数(人)	比例(%)	人数(人)	比例(%)
很重要	12	24.5	7	35
重要	27	55.1	10	50
一般	9	18.4	3	15
不太重要	1	2.6	0	0
不重要	0	0	0	0

从表2-11对科研重要性的认识的调查数据来看,江西省各高校教练员认为科研很重要和重要占了大多数,有39人,占79.6%,还有21%的教练员认为不太重要和一般。

对比可见,江西省高校教练员的科研水平不够,应该加强教练员的综合素质培养,增强科研队伍的力量,充分认识到科研对于高水平运动队的重要性。

(五)教练员任教及训练态度情况

从表2-12的江西省高校教练员任教的性质调查来看,大部分的教练员都是兼职，占有77.6%，专职教练只占有22.4%。而上海交大的教练员中仅有35%是兼职的。相对于兼职教练，专职教练员有更多时间从事高水平运动员的培训工作。根据访谈了解到，许多兼职教练除了训练还必须从事大量的普通大学体育生的教学工作，平常的工作压力较大，导致专业运动训练时不能够真正发挥专业训练的特长，难以集中精力从事训练工作，训练质量也难以保证。

表2-12 教练员任教性质

任职性质	江西省高校		上海交通大学	
	人数（人）	比例（%）	人数（人）	比例（%）
专职	11	22.4	13	65
兼职	38	77.6	7	35
共计	49	100	20	100

表2-13的调查结果显示，江西省大多数的教练员都是任命的，占65.3%，没有经过规范的竞争上岗，对教学以及训练质量难以保证。由此可见，江西省各高校高水平教练员的竞争上岗机制不完善，对于教练员没有进行认真的选拔，许多教练员不能胜任本职工作，同时也难以调动教练员训练的主动性和积极性，难以保证训练工作的高水平进行。

表2-13 教练员任教形式

任教形式	江西省高校		上海交通大学	
	人数（人）	比例（%）	人数（人）	比例（%）
任命	32	65.3	9	45
聘用	17	34.7	11	55
共计	49	100	20	100

本书中对于教练员的训练态度主要从三个层面进行分析：一是个人的层面，也就是满足个人的发展需求；二是学校的层面，让自己的学校因为球队而更有知名度；三是国家的层面，为全国培养更多的高水平运动人才。从表

2-14的调查可见，江西省高校中大多数的教练员都是将训练目标停留在为校争光，提高学校知名度上，占63.3%；而认为训练的目标是为国家选拔更高水平运动员的教练员人数很少，只有7人，占14.3%。而上海交大的教练员中无一人选择提高学校知名度，有85%的教练员选择的是为我国培养高水平运动人才，其他15%的教练选择了个人发展的需要。由此可见，江西省大多数教练员仅仅将训练目标停留在国内、省内学校之间的竞赛中，对于训练目标的定位较低。

表2-14 教练员对训练的态度

训练目的	江西省高校 人数	江西省高校 比例（%）	上海交通大学 人数	上海交通大学 比例（%）
个人发展需要	11	22.4	3	15
为我国培养高水平运动人才	7	14.3	17	85
提高学校知名度	31	63.3	0	0
共计	49	100	20	100

第三节　球队训练情况

一、江西省高校高水平运动队的训练情况

从表2-15中可以看出，江西省高校高水平运动队的训练次数多集中在一周4~6次，占79.2%，训练次数均不超过7次。高水平运动员的训练时间也大多集中在2~3个小时，占50.3%，3小时及以上仅占9.8%。从全年的训练情况来看，仅有74.6%的高水平运动队是全年系统训练的，而有25.4%的

高水平运动队是赛前集中训练，可以看出，江西省各高校运动员的周训练时间和次训练时间基本能够保证运动训练的需要，大部分的运动队能坚持全年的系统训练。但是相较于上海交通大学高水平运动员还是有一定的差距，上海交大的训练次数在4次以上的就有85.5%，7次以上的占41.7%，上海交大每次训练时间1~2小时的仅14.5%。3小时以上的也占有1/3的比例。总之，高水平运动队的训练次数以及训练时间都比江西省高校的比例高，上海交大高水平乒乓球运动队属于长时间，持续性的训练，没有集中训练的方式，平常的训练量和强度就较大。

表2-15 高水平运动员的训练情况

类别	基本情况	江西省各高校 人数	江西省各高校 比例（%）	上海交通大学 人数	上海交通大学 比例（%）
每周训练次数	3次以下	0	0	0	0
每周训练次数	3~4次	36	20.8	7	14.6
每周训练次数	4~6次	137	79.2	21	43.8
每周训练次数	7次以上	0	0	20	41.7
每次训练时间	1小时以内	0	0	0	0
每次训练时间	1~2小时	69	39.9	7	14.5
每次训练时间	2~3小时	87	50.3	27	56.3
每次训练时间	3小时以上	17	9.8	14	29.2
全年训练情况	全年系统训练	129	74.6	48	100
全年训练情况	赛前集中训练	44	25.4	0	0

二、高水平乒乓球队运动员的训练态度

（一）运动员训练意愿

表2-16　高水平乒乓球运动员参加训练的意愿

运动员对训练的意愿	江西省各高校 人数	比例（%）	上海交通大学 人数	比例（%）
愿意	134	77.5	41	85.4
不太意愿	35	20.2	7	14.6
不愿意	4	2.3	0	0
共计	173	100	22	100

良好的学习意愿能够帮助运动员在一件事情上更持久地集中注意力，能够让运动员产生学习以及训练的兴趣，抵抗厌烦的情绪。从表2-16中可见，江西高校运动员中愿意参加训练的运动员有134人，占77.5%；不太愿意和不愿意参加训练的有39人，占22.5%。可见，大多数的运动员对于日常训练比较积极，能够配合完成训练。而上海交大愿意参加训练的人数则占85.4%，这说明上海交大在提高学生的意愿方面已经采取了一定的方法，在乒乓球运动的训练过程中，结合了一些趣味性运动，在教学内容上进行了一定的改革，创新了原本单一的教学模式。通过结合更多学生的兴趣，进行针对性的因材施教，以提高运动员的直接意愿，加强了运动员对于训练的重新认识。

（二）运动员对训练的看法

表2-17的调查显示，江西省高校高水平队的队员认为训练不系统和不科学的比例高达69.4%，而上海交大的高水平乒乓球队员却有85.4%认为他们的训练方式较为科学。

表2-17　高水平队队员对训练的看法

训练的科学性和系统性	江西省各高校 人数（人）	江西省各高校 比例（%）	上海交通大学 人数（人）	上海交通大学 比例（%）
很科学很系统	7	4	16	33.3
比较科学和系统	46	26.6	25	52.1
不够科学和系统	93	53.8	7	14.6
一点都不科学和系统	27	15.6	0	0
共计	173	100	48	100

三、江西省7所高校与上海交大高水平乒乓球运动队的比赛情况对比

表2-18　江西省各高校与上海交大高水平乒乓球队的参赛情况对比

比赛类别	上海交通大学参赛次数（次）	江西省高校参赛次数（次）
世界级比赛	4	1
国家级比赛	4	2
省级比赛	5	3
市级比赛	7	4

由表2-18中的比较可知，在参赛级别和参赛次数上，上海交通大学都远高于江西省的高校，对于高水平乒乓球队而言，参加比赛一方面有利于运动员提高自身的参赛意识和竞技水平，在比赛交流中还能够解决高水平乒乓球队自身的瓶颈。另一方面，也能提高学校对高水平乒乓球队的重视程度，形成良性循环。

第四节　器材设施与经费情况

一、器材设施

调查显示，上海交大的徐家汇校区建有体育馆，闵行校区中设有自己专门的健身房，有光明体育运动中心，总面积达136537平方米，其中包含了田径场、网球场、游泳池、乒乓房、健美房等，平时可以供同学锻炼，其中的乒乓房中就有12个乒乓球台，为运动员提供了高级乒乓球拍以及完善的乒乓球运动设施等，进一步保障了高水平运动队训练需要；辅助训练设备齐全、完善，能够保障运动员身体健康、运动恢复、医务监督。并且，在2003年，上海交大建立了"上海交通大学体质健康监测中心"，现在正在筹建大型现代化的体育馆。设施越来越完备必将为交大体育的发展提供更加全方位的保障。

江西省各普通高校设有专门的运动场所，但是总体来说训练场馆设施条件一般。主要的场馆都属于室内训练，而且一块场地会同时安排给多个球队使用，没有设立专门的某一球队的运动场所，所以运动训练的时间以及次数上的安排都会受到限制。比如，南昌大学的训练场馆是男女排、男女篮四支球队合用的，这就大大制约了学校训练的效率。而且，许多室外训练场所都提供给了学生的课外活动，不能保证运动训练的需要。随着近几年高水平运动队的发展，许多学校也在花重金建设高标准的训练场所，如南昌大学就在新校区投资上亿元兴建田径场和球类馆。由此可见，江西省普通高校大力发展竞技体育，训练的基础设施也不断得到完善，为江西省高水平运动队的发展提供了很好的基础条件。

二、办队形式与经费

（一）办队模式

当前我国高校办高水平运动队的形式主要有：（1）高校独办；（2）与企业或行业协会联办；（3）与省市体工队共办；（4）在体委、教委协助下与省市体校合办。根据表2-19的调查结果显示，在7所高校中，江西省高校独立办校的有5所，占71.4%，目前只有华东交通大学和赣南师范学院不是独办的，华东交大是与企业协会联办的，赣南师范是与省体工队共办的。

由此可见，江西省各高校的高水平运动队没有充分利用社会资源，社会化程度较低，运动队的建立未能产生良好的社会效应。主要是因为江西省高校体育运动队没有打造自身的品牌，未能大力挖掘自身的价值，吸引社会企业赞助。

表2-19　高校办队模式

办队模式	江西省各高校	比例（%）
高校独办	5	71.4
与企业或行业协会联办	1	14.3
与省市体工队公办	1	14.3
在体、教委协助下与省市体校合办	0	0

就乒乓球队而言，赣南师范高水平乒乓球队的办队模式是高校独办模式，而华东交大的高水平乒乓球队采取的是校企合办模式，上海交通大学高校高水平运动队采取学校自办模式和体教结合模式。学校自办模式是指学校自己出钱，自己管理的传统办队模式。上海交通大学体教结合模式是指学校与上海市体委合作办队，学校依据招生数，招收符合条件的在役运动员进入高校深造，并由学校负责他们的文化学习，训练、竞赛等工作由上海市运动技术学院负责。

（二）队伍经费情况对比

表2-20　江西省高校运动队伍经费来源情况

经费来源	江西省各高校	比例（%）
学校专项拨款	6	85.7
社会和企业赞助	1	24.3
教育系统拨款	0	0
体育部门自筹	0	0
总计	7	100

我国高校高水平运动队的经费来源渠道主要有四种：（1）学校的专项拨款；（2）社会和企业赞助；（3）教育系统的拨款；（4）体育部门自筹。表2-20的调查结果显示，江西省7所高校高水平运动队的经费来源主要依靠学校专项拨款，占85.7%，只有华东交通大学的经费有一部分来自社会和企业的赞助。说明江西省高校高水平运动队的经费来源渠道单一，没有建立良好的融资渠道，制约了高校体育产业的扩大与发展。而上海交通大学乒乓队除了依靠学校的专项拨款之外，还有社会及企业各方面的赞助，每年学校专用经费有15万元，社会赞助有10万元，经费的来源较为广泛，而且利用上也十分合理，为运动员训练提供了良好的物质保障。

表2-21　训练补助

训练补助	江西省各高校 人数	比例（%）	上海交通大学 人数	比例（%）
5元以内/天/人	11	6.4	0	0
5~10元/天/人	38	22.0	7	14.6
10~15元/天/人	87	50.3	10	20.8
15元以上/天/人	37	21.4	31	64.6

江西省高校运动员的训练补助普遍较少，高水平运动队队员中有72.3%

的队员的训练补助在5～15元之间，15元及以上的仅占21.4%。而上海交大的补助15元以上的运动员则占了64.6%，这虽然和两地的消费水平高低有所关联，但是由此也可知，江西省高校运动员的补助过于微薄，难以保证运动员参加日常训练的营养补给，从而影响训练质量的提高。

第五节　学校对高水平乒乓球队的关注情况

学校对高水平运动队发展的目标定位及关注情况如下。

表2-22　高水平乒乓球队发展的目标定位

目标	江西省各高校 人数	江西省各高校 比例（%）	上海交通大学 人数	上海交通大学 比例（%）
以参加世界大学生运动会为主	2	9.1	3	42.9
以参加全国大学生运动会为主	4	18.2	4	57.1
以提高我省体育运动水平为主	3	13.6	0	0
以参加业余校级比赛为主	2	9.1	0	0
以满足学生竞技体育需要为主	3	13.6	0	0
为校争光，打造学校品牌	8	36.4	0	0
共计	22	100	7	100

由表2-22可见，江西省7所高校体育院系领导选择"为学校争光，打造学校品牌"为高水平运动队发展的目标，占36.4%，选择"以参加世界大学生运动会"为目标的仅占到9.1%，而上海交大的校领导选择"为校争光，打造学校品牌"的人数为0，而选择"以参加世界大学生运动会为主"的比例则高达42.9%。说明了上海交大对于高水平运动队的发展看得更为长远，而江西省高校从事高水平运动队建设的领导对于建设高水平运动队的目标不

是很明确，眼光不够长远，局限于眼前的利益以及为校争光的层面，忽视了我国高校办高水平运动队的最终目标是要为我国竞技体育输送人才，对于参加全国性以及国际性比赛缺乏深刻的认识。

表2-23　对高水平乒乓球队队员的重视程度调查

学校对高水平乒乓球队的关注程度	江西省各高校		上海交通大学	
	人数（人）	比例（%）	人数（人）	比例（%）
很重视	7	31.8	2	28.6
重视	9	40.9	4	57.1
一般	4	18.2	1	14.3
不重视	2	9.1	0	0
共计	22	100	7	100

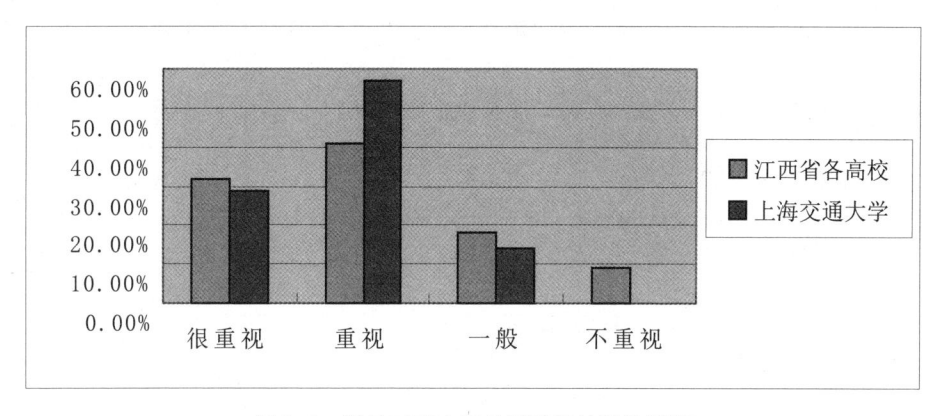

图2-3　学校对高水平乒乓球队的关注程度

从表2-23、图2-3可知，江西省高校的领导中有9.1%的人认为学校对高水平乒乓球运动队的发展和建立不重视，相对于上海交大对高水平乒乓球队的重视程度还是有一定差距的。

第六节 高校高水平乒乓球队发展的影响因素

本节主要对高校高水平乒乓球队发展的影响因素进行分析研究。

表2-24 领导、教练员对制约高校高水平运动队发展因素的意见分布表

影响因素	江西省各高校 人数	比例（%）	排序	上海交通大学 人数	比例（%）	排序
生源匮乏、水平低	58	81.7	1	0	0	10
经费缺乏	53	74.6	2	5	18.5	5
参赛少、比赛经验不足	50	70.4	3	3	11.1	8
招生制度不合理	47	66.2	4	7	25.9	4
激励机制不健全	45	63.4	5	9	33.3	3
运动训练的场地、器材不足	41	57.7	6	3	11.1	7
领导重视不够	34	47.9	7	4	14.8	6
运动训练与科研结合不紧密	32	43.7	8	2	7.4	9
后勤保障不够	26	36.6	9	4	33.3	2
发展目标定位不准	15	21.2	10	9	55.6	1
共计	72	100		27	100	

表2-24的调查结果显示，高校高水平运动队发展的制约因素主要是招生生源，比赛经验，招生制度不合理，激励机制不健全这几方面。

表2-25 高水平乒乓球运动员运动水平的影响因素分布表

	江西省各高校			上海交通大学		
	人数	比例（%）	排序	人数	比例（%）	排序
自身条件限制	33	94.2	1	17	77.3	2
学习与训练的矛盾	29	82.9	2	19	86.4	1
参赛少、比赛经验不足	25	71.4	3	4	18.2	7
激励机制不健全	21	60	4	3	13.6	6
经费缺乏	19	54.3	5	2	9.1	8
营养恢复措施跟不上	17	48.6	6	3	13.6	5
运动训练的场地、器材不足	11	31.4	7	0	0	0
教练员水平不高	9	25.7	8	0	0	0
共计	35	100		22	100	

由表2-25可知，制约江西省高水平乒乓球运动员进一步发展的因素依次为自身条件限制，占94.2%；学训矛盾，占82.9%；参赛少，比赛经验不足，占巧71.4%；激励机制不健全，占60%；经费缺乏，占54.3%；营养恢复措施跟不上，占48.6%；运动训练的场地、器材不足，占31.4%；教练员的水平不高，占25.7%等。而上海交通大学的高水平乒乓球队员认为限制自身技术水平进一步提高的因素主要是学训矛盾（86.4%），自身条件限制（77.3%）。

综上所述，影响高校乒乓球运动队发展的主要因素包括：学训矛盾突出；参赛机会少，比赛经验不足；激励机制不健全；经费不足；营养恢复措施不利；缺乏必要的后勤保障；运动项目设置不合理；运动技术起点低等。我国高校应该加强这几方面的建设，解决长期以来运动队发展的问题，促使高校高水平乒乓球队进一步发展。

第三章

体育强国背景下高校高水平乒乓球队发展的策略

在当今建设体育强国的大背景下,高校高水平乒乓球队的发展已经成为提升国家乒乓球运动整体实力、推动体育事业全面发展的重要一环。乒乓球作为我国的传统优势项目,其竞技水平和普及程度一直受到广泛关注。高校作为培养高水平运动员的重要基地,其乒乓球队的发展水平直接关系到我国乒乓球运动的未来。因此,深入研究并探索高校高水平乒乓球队发展的策略,对于提升我国乒乓球运动的国际竞争力、推动体育强国建设具有重要意义。

第一节 加大经费投入力度,完善器材设施条件

在体育强国战略的大背景下,高校高水平乒乓球队的发展被赋予了前所未有的重要性和紧迫性。乒乓球作为我国的传统优势项目,其竞技水平和普及程度是衡量一个国家体育实力的重要标志之一。因此,加大经费投入力度

和完善器材设施条件不仅是提升高校乒乓球队竞技水平的需要，更是推动体育强国建设、提升国家体育整体实力的必要举措。

第一，加大经费投入力度对于高校高水平乒乓球队的发展具有至关重要的意义。经费是球队运作和发展的基石，充足的经费能够保证球队在各个方面得到充分的保障和支持。通过加大经费投入力度，高校可以吸引更多优秀的乒乓球运动员和教练员加入，为球队注入新的活力和动力。此外，经费的投入还可以用于改善球队的训练条件和生活环境，提高运动员的训练积极性和生活质量，从而进一步提升球队的竞技水平。

第二，加大经费投入力度还可以促进高校乒乓球队与国内外其他高水平球队的交流与合作。通过组织友谊赛、邀请赛等活动，可以增进球队之间的友谊和了解，提升球队的知名度和影响力。通过与其他高水平球队的交流与合作，还可以为球队带来更多的学习机会和竞技挑战，有助于球队不断提升自身的竞技水平和综合实力。

第三，完善器材设施条件对于高校高水平乒乓球队的发展同样具有不可忽视的作用。乒乓球运动对器材设施的要求较高，良好的器材设施条件可以为运动员提供更好的训练环境和比赛体验。高校应该投入资金建设和更新乒乓球场地，以保证场地的平整度、弹性和光线等条件符合国际比赛标准。另外，购置高质量的乒乓球器材和训练设备也是必不可少的。这些器材和设备应该具备先进性、稳定性和安全性等特点，能够满足运动员在训练和比赛中的各种需求。

第四，除了硬件设施的完善，高校还应该注重软件设施的建设。例如，建立科学的训练体系、制订合理的训练计划、提供专业的心理辅导等，这些软件设施的建设可以帮助运动员更好地应对训练和比赛中的挑战，提高运动员的竞技水平和心理素质。高校还可以加强与国内外知名乒乓球俱乐部的合作与交流，引进先进的训练方法和理念，为球队的发展注入新的活力和动力。

在实施加大经费投入力度和完善器材设施条件这两个策略时，高校还需要注意以下几点。

首先，要确保经费使用的透明度和合理性，避免出现浪费和滥用的情况。高校应该建立完善的经费管理制度和监督机制，确保每一笔资金都用在刀刃上。

其次，要加强与社会各界的合作与交流，争取更多的资金支持和资源共享。高校可以通过与企业合作、争取政府支持等方式，拓宽经费来源渠道，为球队的发展提供更多的资金保障。

最后，要注重器材设施的维护和保养，延长其使用寿命。高校应该建立完善的器材设施管理制度和维护机制，以保证器材设施的正常运行和良好状态。

总之，加大经费投入力度，完善器材设施条件是体育强国背景下高校高水平乒乓球队发展的重要策略。通过这个策略的实施，可以有效提升高校乒乓球队的整体水平和竞争力，为我国乒乓球运动的未来发展注入新的活力和动力。这也将有助于推动高校体育事业的全面发展，为培养更多优秀的体育人才做出重要贡献。在未来的发展中，高校应该继续加大投入力度、完善设施条件、加强交流合作、注重人才培养，不断提升高校乒乓球队的实力和水平，为体育强国建设贡献更多的力量。

第二节　拓宽招生途径，吸收更优秀的人才

一个学校的生源直接影响着学校的教育成果，好的生源能够对运动队的发展起到积极的促进作用。

第一，江西省各高校在体育特长生的招生过程中，必须实施更为严格的招生标准。这主要体现在对招生最低线的精准把控上，也就是说，各高校应当设定并坚守明确的最低录取分数线，不能因为某些特殊原因或个别情况就随意降低这一分数线。这样的做法不仅能保证招生的公平性和公正性，更能从源头上确保所招收学生的质量。此外，各高校还应全面评估学生的综合素质，特别是在体育方面的专业技能和体能状况，这样才能真正把握好学校所招学生的质量关。

第二，建立运动人才的奖励制度至关重要。江西省各高校应当积极行动，从小学、中学至大学，对选拔出的优秀运动人才及其所在学校都给予适当的奖励。这种奖励不仅是对他们辛勤付出的认可，更是对他们未来继续努力的鞭策。完善的奖励制度将激励基层教练员更加积极地投身于人才选拔与培养工作中，使他们能够更加专注于发掘和培养潜力运动员。

各高校还需完善对输送来的人才的合理安排与利用，保证每一位人才都能得到最科学合理的保障。这包括为他们提供合适的训练环境、专业的教练团队以及必要的资源支持，使他们能够充分发挥自己的潜能，实现更高的成就。

对于运动员在比赛中取得的优异成绩，各高校也应设立完善的奖励机制。这不仅是对他们辛勤付出的肯定，也是对他们训练积极性的进一步提升。通过设立丰厚的奖金、荣誉证书以及其他的福利待遇，让运动员们感受到自己的付出得到了应有的回报，从而更加珍惜自己的运动生涯，为江西省乃至全国的体育事业贡献更多的力量。

第三，建立健全一条龙的训练机制对于培养优秀的体育人才至关重要。这一机制应涵盖从小学、中学到大学这一完整的教育阶段，形成由初级到高级的训练体系。各高校应组建专业的选材团队，深入全国各地的中小学，积极寻找具有潜力的运动人才。通过科学的评估，将这些优秀的人才选拔出来，并安排他们进入体育特长班进行专门的培养。在体育特长班中，运动员们将接受更为系统、专业的训练，同时也不会忽视文化知识的积累。这种训练与文化教育相结合的模式，不仅有助于运动员在运动中取得更好的成绩，还能够提高他们的综合素质，为未来的全面发展奠定坚实的基础。此外，一条龙训练机制还有助于人才的长期培养。通过在不同教育阶段进行连续的、有针对性的训练，运动员的技能水平将得到稳步提升，同时也能够更好地适应各种比赛和竞技环境。

第四，江西省应积极鼓励那些尚未组建运动队的高校，充分利用自身的教育资源和条件，积极创办高水平运动队。这不仅有助于提升学校的体育竞技水平，还能够提升学生的体育参与热情，推动校园体育文化的繁荣发展。在创办高水平运动队的过程中，这些高校可以积极借鉴那些已有办队经验的高校的宝贵实践经验。通过交流学习、分享经验，可以少走弯路，更快地建立起符合自身特色的高水平运动队。这些高校还可以邀请经验丰富的教练员和专家进行指导，为运动队的训练和比赛提供专业的支持。

此外，高校还可以利用自身的知名度和影响力，积极吸引全国范围内的高水平人才加入。通过广泛宣传、优化招生政策、提供良好的训练和生活条件，可以吸引更多优秀的运动员和教练员来到学校，为运动队的发展注入新的活力。

第三节　解决学训矛盾，合理安排学与训

在江西省高校体育事业的发展中，高水平运动队的建设一直被视为重要的一环。但长期以来，学训矛盾始终困扰着这些运动队的发展，成了其进一步壮大的主要瓶颈。这一矛盾不仅影响了运动员的全面发展，也阻碍了高校体育事业的整体进步。所以，高校应当采取切实有效的措施，加强运动员文化知识的教授、管理与监督，以破解这一难题。

第一，为高校运动员建立特殊的学分制管理体系是解决学训矛盾的关键一步。由于运动员在训练和比赛方面投入了大量的时间和精力，他们在文化知识学习方面往往面临着较大的困难。因此，高校应根据运动员的实际情况，制定一套符合其特点的学分制管理体系。这一体系应充分考虑运动员的差异性，区别对待不同运动员的文化成绩情况。对于表现优异的运动员，应给予适当的学分减免或奖励，以激励他们更好地平衡学习与训练的关系。高校还应增加运动员获得综合奖学金、三好奖学金等荣誉的机会，通过物质和精神上的双重激励，充分调动运动员的学习积极性。

第二，运动员的学习成绩管理需要主管校长和体育部门的共同协调。主管校长应高度重视运动员的文化学习问题，将其纳入学校整体教学管理的范畴。体育部门应加强与各院校教务处的联系，及时了解运动员的文化课程安排、考试情况以及文化学习情况。通过定期召开座谈会、交流会等方式，加

强沟通与合作,共同制订针对性的学习计划。高校还可以邀请各任课老师对运动员进行考前重点辅导和赛后辅导,帮助他们解决学习中的难题,提高学习效果。

第三,在运动员的训练方面,高校同样需要采取一系列措施来加强管理和监督。首先,应增加运动员参加全国性以及国际性比赛的机会。通过参与高水平的比赛,运动员不仅能够检验自己的训练成果,还能够与来自全国各地的优秀运动员进行交流和切磋,从而不断提高自己的竞技水平。其次,建立健全各种联赛与赛会制度也是必不可少的。这些制度能够为运动员提供更多的比赛机会和展示平台,同时也能够促进高水平运动队之间的交流与合作。通过与其他高水平运动队的比赛和交流,运动员可以学习到更多的战术技巧、训练方法以及积累比赛经验,进一步提升自己的竞技能力。

第四,除了提供比赛机会和增加交流合作外,高校还应注重对运动员日常训练的管理和监督。一方面,教练员应制订科学的训练计划,合理安排训练时间和强度,确保运动员在得到充分锻炼的同时也能够保持身体健康。另一方面,高校应建立完善的训练监管机制,定期对运动员的训练情况进行检查和评估,及时发现问题并采取相应措施进行解决。

第五,在解决学训矛盾的过程中,高校还应注重加强校园文化建设。通过举办各类体育文化活动、开展体育知识讲座等方式营造良好的体育氛围和文化环境,激发运动员对体育事业的热爱和追求。高校还应加强对运动员的思想政治教育和心理辅导工作,帮助他们树立正确的价值观和人生观,增强他们的自信心和责任感。

总之,江西省高校在培养高水平运动队的过程中应充分认识到学训矛盾的存在及其危害性。通过建立特殊的学分制管理体系、加强学习成绩管理、增加比赛机会和交流合作、加强日常训练管理以及加强校园文化建设等措施,可以有效解决这一矛盾,促进运动员的全面发展,提升高校高水平运动队的整体实力。

第四节　加强教练员的培训

江西省作为一个教育大省，其体育事业的发展一直备受关注。然而，在教练员队伍的建设方面，却存在一些明显的短板。当前，江西省教练员队伍主要由本科学历的教练组成，他们普遍具备一定的专项理论知识，但在训练比赛经验上却有所欠缺。此外，教练员中的兼职现象十分普遍，这不仅限制了高水平训练的进行，也使教练员难以集中精力进行训练，同时在更新专业知识方面也存在明显的不足。因此，江西省必须正视这些问题，并采取切实有效的措施，加强内部教练员的培训，同时引进高水平教练员，以壮大学校教练员队伍。

第一，针对内部教练员的培训，江西省各高校和体育部门应积极开展各种形式的培训活动。可以选择一些比赛经验丰富、训练成果显著的教练员作为内部培训师，对经验较少的教练员进行一对一的辅导和指导。这种针对性的培训方式能够保证每一位教练员都能得到切实有效的帮助，从而提升整个教练员队伍的水平。还可以通过开设培训班、开展座谈会等，让教练员们能够相互学习、交流经验，共同提高。这些活动不仅能够传授有价值的理论知识和专业知识，还能够激发教练员的创新精神和实践能力。

第二，江西省应积极引进高水平复合型教练员。这些教练员不仅具备丰富的训练经验和比赛经历，还能够为运动员提供全方位的指导和支持。通过从国外体校、体工队、国家队等优秀机构聘请优秀的教练员，可以引进先进的训练理念和方法，从而进一步提高整体的竞赛水平。这些高水平教练员的加入，不仅能够为江西省教练员队伍注入新的活力，还能够带动整个教练员队伍水平的提升。

第三，建立专职教练员制度也是优化江西省教练员队伍的重要举措。专职教练员能够全身心地投入训练工作中，减少教学任务的干扰和压力，从而集中精力进行训练和研究。为了实现这一目标，江西省各高校和体育部门应合理分工，将专职教练员与教师进行明确的职责划分。还应制定相应的政策和措施，保障专职教练员的权益和待遇，激发他们的工作热情和积极性。

第四，建立完善的教练员竞争上岗机制也是必不可少的。通过实行定制、定岗、定责制度，建立合理的用人机制，确保每一位教练员都能够明确自己的职责和目标，从而提高工作效率和训练质量。这种竞争上岗的机制还能够激发教练员的竞争意识和创新精神，推动他们不断提升自己的能力和水平。

第五，完善教练员的激励机制也是优化教练员队伍的关键一环。江西省应制定相关政策和措施，提高教练员的各项待遇和福利水平。还可以将教练员所带队伍获得的成绩与教练员的科研水平挂钩，以激发他们的工作积极性和创新能力。这种激励机制不仅能够提高教练员的训练水平和工作效率，还能够为江西省培养出更多高水平的运动员和教练员。

第五节　加强科技投入，提高科研水平

江西省高校在科研领域的发展情况，特别是在体育科研方面，与当前体育强国建设的目标相比，仍存在一定的差距。虽然部分高校拥有较为先进的科研仪器和设备以及高素质的科研团队，已经具备了一定的科研实力，但总体来看，这样的高校数量并不多。因此，加强江西省高校在体育科研方面的投入与建设，对于提升高校整体科研实力，推动体育事业的发展具有重要意义。

第一，高校应该加强对科技设备的资金投入。体育科研离不开先进的仪器设备，这些设备能够为运动员的训练、医疗和生活提供全方位的保障。通过引进先进的仪器设备，不仅可以提升高校体育科研的硬件水平，还可以为运动员的训练提供更加科学、精准的数据支持，帮助他们更好地调整训练计划，提高训练效果。这些设备还可以用于运动员的伤病预防和康复治疗，保障他们的身体健康，延长运动寿命。

第二，江西省高校应该加强与其他科研单位的合作与交流。通过强强联

合,可以充分利用各自的资源和优势,共同进行体育科研攻关,解决训练中的技术难点。高校可以与其他高校的科研团队进行合作,共同开展课题研究,分享科研成果,推动体育科研的整体进步。高校还可以与专业的科研机构、医疗机构等进行合作,引入更多的专业人才和技术力量,提升体育科研的专业性和实效性。

第三,江西省高校应该充分挖掘高校体育教师的科研潜力。体育教师是体育科研的重要力量,他们具有丰富的实践经验和深厚的理论素养。高校应该鼓励和支持体育教师参与科研工作,为他们提供必要的条件和平台,让他们能够在科研领域发挥更大的作用。通过加强培训和交流,提升体育教师的科研能力和水平,使他们能够更好地服务于高水平运动队的建设和发展。

第四,江西省高校还应该注重与其他专业科研队伍的协作。体育科研涉及多个学科领域的知识和技术,需要不同专业的科研人员进行合作与交流。高校应该打破学科壁垒,促进不同专业之间的交叉融合,共同推动体育科研的创新与发展。通过联合其他专业的科研队伍,可以形成更加完善的科研体系,为高水平运动队提供更加全面的技术支持和保障。

第五,江西省高校还应该积极引进和借鉴社会中科研机构和专业团队的经验和方法。社会中的科研机构和专业团队在科研方面具有丰富的经验和先进的方法,可以为高校体育科研提供有益的借鉴和参考。高校可以通过与他们进行合作与交流,学习他们的科研理念和方法,提升自身的科研水平和能力。还可以将自身的科研成果向社会推广,提高科研成果的应用价值。

第四章

高校高水平乒乓球队的体能训练

作为一项集速度、力量、反应和技巧于一体的运动项目，乒乓球在全球范围内享有极高的声誉。对于高校高水平乒乓球队而言，良好的体能不仅是竞技场上取胜的关键，更是运动员们长期保持竞技状态、避免运动损伤的重要基石。本章将深入探讨高校高水平乒乓球队的体能训练，旨在揭示体能训练在乒乓球运动中的重要性，并为教练员和运动员提供科学、系统的体能训练方法和策略。

第一节　高水平乒乓球运动员体能训练原则

概括来说，高水平乒乓球运动员体能训练的原则主要包括以下几个方面。

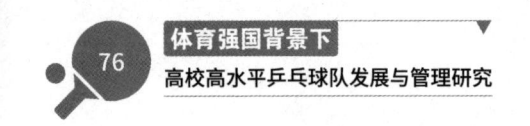

一、安全性原则

体能训练作为学校体育教学的核心组成部分,其根本目的在于促进学生的身体健康。在教学过程中,必须高度警惕因场地器材使用不当、热身不足、保护帮助不及时以及训练方法不科学等因素引发的运动伤害事故,以保证每一次教学活动都能在安全的环境下进行。

在进行体能训练时,安全性原则必须得到严格贯彻,这是确保训练安全与有效的关键。为了达到这一目标,需要遵循以下几点要求。

第一,制订详尽且安全的训练计划是不可或缺的。这包括全面检查训练场地与器材,保证其符合安全标准,并根据大学生的具体训练目标,设计切实可行的训练方法,规避潜在的风险。

第二,热身环节在体能训练中占据着举足轻重的地位。通过热身活动,可以迅速激活身体机能,为接下来的正式训练作好充分准备,进而降低因突然剧烈运动而导致的伤害风险。

第三,加强对运动员的保护,并在他们训练时提供必要的协助。体育骨干和体育委员在这一过程中应发挥积极作用,不仅要关注运动员的训练状态,还要在必要时提供及时的帮助和指导,以保证训练过程的安全与顺利。

第四,在日常体育教学中加强安全教育和运动损伤防治的理论教学也是非常重要的。通过理论教学,可以帮助大学生增强预防损伤的意识,使他们掌握基本的应急处理方法,从而在遇到突发情况时能够迅速应对,降低遭受损伤的程度。

二、循序渐进原则

高校乒乓球运动员在进行体能训练时,无论是运动难度还是强度,都应由易到难循序渐进地进行,否则容易使机体出现劣变,产生不适症状,影响健康。

在进行体能训练时，应避免急于求成的心态，并着重关注以下几点。

第一，在运动负荷的安排过程中，务必充分考量个体的身体能力。训练完成后，若身体呈现出适度的疲劳感，说明训练负荷设置合理。

第二，实施训练方法和手段时应遵循逐步推进的原则。起初，应选择简单且易于操作的方法，随后逐步增加难度和挑战性，使身体逐步适应外部刺激，提高其应激能力。

第三，每次体能训练都应遵循有序的步骤。从热身活动开始，逐渐加大训练强度，进入正式训练阶段，然后在训练结束后逐渐减小强度，并进行适当的放松活动。这样的训练流程能够确保训练的安全性和有效性，从而达到体能提升的目标。

三、经常性原则

经常性原则是指体能训练必须持之以恒才有效果，规律地、长期地进行体能训练将对高校乒乓球运动员产生深远的积极影响。经常性原则主要体现为促进高校乒乓球运动员逐渐养成体能训练的习惯，自发自觉地进行训练，从而将体能训练作为自己日常生活中的一部分。从生理学的角度讲，体能训练能有效地促进人体新陈代谢的提升，达到增强免疫力、提高健康水平的目的。

四、目标性原则

目标性原则是指对即将进行的体能训练有明确的目标，并始终以该目标指导训练过程。贯彻目标性原则需要对以下几种情况加以注意。

第一，必须对高校乒乓球运动员的体能状况进行全面检测，这涵盖了身体形态、身体机能和运动素质等多个方面。这样做的目的是深入了解高校乒乓球运动员体能发展的现状，以便准确评估他们体能训练的起点。基于人体生长发育的规律，可以为高校乒乓球运动员设定合理的体能训练目标，以保证他们清楚自己通过训练应达到的具体标准。

第二，制订可行的体能训练计划至关重要。这个计划的设计应充分考虑高校乒乓球运动员的体能状况和训练目标。需要对训练阶段进行明确划分，并为每个阶段设定具体的训练目标和采用相应的训练方法。

第三，为了确保训练的科学性和有效性，必须根据高校乒乓球运动员的训练表现和体能变化，对训练效果进行严谨、客观的评估。比如，通过体能训练的实践可以验证训练计划和方法的合理性以及它们是否有助于运动员实现预定的训练目标。此外，体能测试也是衡量训练目标完成情况的关键手段，有助于我们全面了解运动员的体能状况。

第四，如果体能测试结果显示高校乒乓球运动员已经达到阶段性训练目标，将继续按照既定计划进行训练，若测试结果显示运动员与预期的阶段性训练目标存在较大差距，必须保持冷静和客观，深入分析造成差距的原因，并据此及时调整训练计划，改进训练方法。

五、动机激励原则

动机激励原则是指通过合理激发高校乒乓球运动员的内在动力，提升其自主参与训练的意愿与行动力的原则。为贯彻此原则，需采取多元化的方式与途径，以充分激发高校乒乓球运动员参与体能训练的积极性与主动性，并增强其内在的驱动力。高校乒乓球运动员在体能训练中应遵循动机激励原则，其理论依据主要体现在以下几个方面。

第一，成功的动机是推动高校乒乓球运动员积极参与体能训练的重要原动力。通过体能训练，高校乒乓球运动员能够显著提升自信心和自我效能感，这对于他们早期的心理成长至关重要。当高校乒乓球运动员通过不懈努力克服困难、完成训练任务时，他们不仅实现了自我价值，还逐渐建立了正确的自我认知，并进行了积极的自我评价。来自他人的认可对于高校乒乓球运动员而言是激励他们坚持训练、迎接新挑战的强大动力。因此，强烈的成功动机可促使高校乒乓球运动员克服惰性和困难，坚持训练，并深刻认识到只有持续努力才能取得理想的成果。

第二，持续的激励对于激发高校乒乓球运动员的斗志至关重要。在进行体能训练时，高校乒乓球运动员会面临身体和心理上的多重挑战，如运动负荷、动作难度以及耐力考验等。这些挑战可能导致运动员产生退缩情绪，甚至在失败后丧失信心并放弃。因此，需要对高校乒乓球运动员进行耐心引导，不断激励他们保持良好的训练动机，并肯定他们的努力成果。对于高校乒乓球运动员而言，体验到阶段性的成就感是巨大的鼓舞，能够激发他们继续迎接挑战、勇往直前的动力。因此，教师或指导员应当持续给予高校乒乓球运动员正向的引导和积极的反馈，帮助他们保持对运动的兴趣和进取心，从而坚持训练，取得理想的训练效果。

六、自觉积极原则

自觉积极原则即在面对预先设定的行为目标时，高校乒乓球运动员所展现出的积极主动的态度与行为。体能训练的过程实质上就是高校乒乓球运动员不断克服内心惰性、挑战外在困难、身心逐步适应更大负荷，进而实现体能素质显著提升的过程。这一过程往往艰辛、乏味和漫长，如果运动员缺乏坚定的信念和自觉的行动，极易在途中产生放弃的念头。然而，当高校乒乓球运动员能够清晰认识自身目标，并自觉积极地朝着这一目标持续努力时，他们便能在训练的过程中体验到目标达成的喜悦与成就感。这种积极的体验不仅为他们带来了良好的训练感受，更为他们下一阶段的训练注入了持续的动力，激励他们坚持不懈、勇往直前。因此，自觉积极原则在体能训练中占据着举足轻重的地位。

七、区别对待原则

高校乒乓球运动员的生长发育遵循一定的规律，但个体间存在差异，鉴于此，在安排体能训练时必须深入考虑高校乒乓球运动员的生长发育特点，以保证训练方案能够充分体现出不同之处。同时，对于同一年龄段的高校乒乓球运动员也要关注他们之间的个体差异，采取有针对性的训练策略，避免"一刀切"的训练方式。通过个性化的训练方案能够更好地满足运动员的体能发展需求。在进行体能训练时，要科学合理地安排训练方法与内容。

第一，必须深入分析高校乒乓球运动员群体的身心状况，充分理解他们的具体需求，从而为他们量身定制一套科学有效的训练计划。

第二，鉴于高校乒乓球运动员体质的差异性，必须为那些体质特殊的高校乒乓球运动员设计符合他们实际情况的训练方法和手段，确保训练的有效性和可行性。在训练过程中，教师应积极鼓励这些高校乒乓球运动员，要运用正面的语言暗示，帮助他们建立自信，提升自我效能感。

第二节　高水平乒乓球运动员专项体能训练方法

一、乒乓球运动专项力量素质训练方法

（一）上肢力量素质训练方法

上肢力量素质训练方法涵盖多个方面，具体如下。

第一，可以通过徒手挥乒乓球拍动作练习来锻炼上肢力量。在此过程中，务必注意规定的练习次数和时间。

第二，可以采用持哑铃模仿击球动作的练习方式。关键在于保持动作的连贯性，从而更有效地提升上肢力量。

第三，持哑铃进行变速削球模仿练习也是一种有效的方法。通过变换速度和力度可以更有针对性地锻炼上肢肌肉。

第四，持轻哑铃进行变速正手扣杀模仿练习也是一种比较好的方式。这种练习要求用时1~3秒，有助于快速提高上肢爆发力。

第五，用持拍手进行乒乓球掷远和扣球击远练习。通过远距离的投掷和击打动作可以锻炼上肢的延伸力量。

第六，持拍推球练习同样不容忽视。这包括快推和加力推两种练习方法，可以根据个人需求选择合适的练习方式。

第七，持铁制球拍进行各种挥拍动作练习也是一种实用的训练方法。通过持重器材进行挥拍练习可以进一步增强上肢的力量和稳定性。

（二）下肢力量素质训练方法

（1）采用杠铃负重进行半蹲静力训练，具体步骤如下。

第一，下蹲，进行慢速动力训练，以保证动作的标准性和稳定性。

第二，完成蹲起动作，进行慢速动力训练，注重肌肉的控制和力量的传递。

（2）利用杠铃负重，进行侧跨步行进训练，以增强身体的协调性和稳定性。

（3）借助杠铃负重，左右跨跳，锻炼下肢爆发力和协调性。

（4）通过杠铃负重，侧向进行交叉步行进训练，提升身体的灵活性和平衡能力。

（三）综合力量素质训练方法

1.立定跳远

双脚并拢，与肩同宽，保持稳定站立姿势。随后在肩部的引导下，以大幅度的动作摆动双臂，同时弯曲膝盖积蓄力量。之后以爆发式的方式向前方尽可能远地跳出，以保证动作流畅且力量充足。

2.后抛实心球

在站立时两脚间距与肩部宽度相等，双手紧握球体，并置于身体正前方。随后，采用深蹲姿态，使身体自然弯曲。待准备充分后，应凭借爆发性的挺髋动作以及大腿的强劲发力，将球体自头部后上方位置精准抛出。在进行每次试投时务必全力以赴，尽最大努力将球抛出。在整个抛球过程中应充分利用屈髋和屈腿的动作，以保证抛球动作的完整性和流畅性。

3.跳栏架

在开阔场地上设置3～5个栏杆或障碍物，每两个之间的距离大约是90厘米。站在第一个栏杆前，双脚自然分开，宽度与肩相同，做好起跳的准备。之后双脚连续跳跃过每一个栏杆。在跳跃的过程中，力量主要来自髋部和膝部。身体应始终维持正直的姿态。在跳跃时，膝关节必须保持靠拢，双脚也不能向外撇开。为了保持身体的平衡和获得更高的跳跃高度，双臂应协调摆动。

二、乒乓球运动专项速度素质训练方法

（一）反应速度的训练方法

提升乒乓球反应速度可以通过以下训练方法实现。

第一，在训练过程中务必严格听从教练的指示。当教练发出"上旋"指令时，应迅速执行扣杀或推挡动作；当教练发出"下旋"指令时，应立即进行拉球或搓球；若教练发出"弧圈"指令，则需立即执行正手快带或反手推挤等动作。

第二，根据教练的信号迅速调整步法，执行侧身步、跨步、交叉步、上步等动作。

第三，通过观察对手的发球动作，迅速判断球的旋转方向和落点，并据此作出相应的反应，提升反应速度和判断能力。

第四，在模拟比赛的情境中，运动员需密切观察对手击球动作，并立即作出相应的反应，以提高实战应对能力。

第五，在持拍跑步过程中，一旦听到信号，应立即进入准备姿势，并迅速完成交叉步、侧身步等动作。

第六，在单线击球对攻练习中，一方练习者需适时改变击球线路，以增加训练的难度，提高反应速度。

第七，两人轮流在同一位置发球，对方则练习接发球，通过反复练习，提升接发球技术和反应能力。

第八，在跑步持拍训练中，根据教练的信号进行快速启动和停止的训练。

第九，认真观察教练的击球动作，根据球的旋转和落台反弹方向，原地转一周，然后沿球台跑一圈。

第十，站在距离墙壁1.5米的位置，由教练在背后供球，学生需连续击打从墙上反弹回来的乒乓球，以此锻炼反应速度和身体协调性。

（二）移动速度的训练方法

乒乓球运动员的移动速度是其迅速到达最佳击球位置的关键因素，这需要通过精准高效的步法来实现。以下是一些提升移动速度的专门训练方法。

第一，在乒乓球台宽度范围内左右快速移动，每组练习持续30秒。

第二，以球台宽度的一半为界进行快速的左右跨跳，每组同样持续30秒。

第三，在乒乓球台上模拟比赛中的推球、侧身移动和扑球动作，每组练习30秒。

第四，以球台长度为界进行交叉步移动，每组练习30秒。

第五，模拟比赛中长短球的应对，进行相应的步法训练，每组练习30秒。

第六，在乒乓球台的端线两角之间进行快速移动，包括前侧和后侧，每组练习30秒。

第七，通过多球练习，提高接发球时的步法移动速度。

第八，围绕乒乓球台进行变向跑，包括向前、侧向、后退和再次侧向跑等多种方向的跑步，始终保持面向同一方向。

第九，在乒乓球台周围进行侧滑步的接力赛，增加步法训练的趣味性和竞争性。

（三）动作速度的训练方法

针对动作速度的训练，可以采取以下几种科学有效的方法。

第一，在正规的乒乓球场地中，为提升运动员的动作速度，可借助音响、灯光等信号设备精准地发出速度感觉指令。此种训练模式旨在通过为运动员提供快速的动作节奏信号，如音响或灯光，进而有效地锻炼其反应速度与动作速度，从而达到提升运动表现的目的。

第二，场地内可以进行多种形式和方向的快速跑动或其他动作训练。例如，立卧撑、十字变向跑、各种躲闪、急停、迅速转体等练习，这些都能有效地提升运动员的动作速度和敏捷性。

第三，为运动员设定特定的时间限制，要求他们在规定时间内以最高速度或频率完成特定动作。例如，在20~30秒内，要求运动员用右手快速摸球台两角，这种训练方法能够锻炼运动员的速度和准确性。

第四，实验证明，完成负重动作后，运动员的后续动作速度可能会暂时提升。因此，建议运动员先进行负重练习，如使用铁球拍进行挥拍训练，随后再进行无负重的正规挥拍练习，以此提升他们的动作速度。

三、乒乓球运动专项耐力素质训练方法

乒乓球运动员为了提升专项耐力素质，可以采取以下训练方法。

第一，进行为期3分钟的步法训练，涵盖推球、侧身移动及扑球等多个

动作环节,可以徒手操作或结合多球进行辅助练习,以全面提升步法技巧。

第二,在乒乓球场地内开展3分钟的多样化跳绳训练,包括正摇、反摇、交叉摇等多种跳绳方式,通过交替进行,有效提升耐力水平。

第三,在乒乓球场地内进行3分钟的长短球步法专项训练,模拟实际比赛场景中的长短球应对,以锻炼运动员对球路的快速反应能力。

第四,与搭档协同配合,利用多球进行5分钟的移动中扣杀练习,旨在提高运动员的耐力素质及实战应用能力。

第五,在乒乓球场地的两端线间展开3分钟的交叉步训练,通过反复练习,有效提升脚步的灵活性和耐力。

第六,借助多球进行约5分钟的连续扣杀训练,提高运动员的耐力和击球稳定性。

第七,利用多球进行约5分钟的拉球后连续扣杀训练,模拟比赛中的攻防转换,提升耐力和连续进攻能力。

四、乒乓球运动专项柔韧素质训练方法

为了提升乒乓球运动员的柔韧性,可采取以下有效的专项柔韧素质训练方法。

第一,通过练习上旋高球的扣杀增强手腕和臂部的灵活性。

第二,实施弧圈球的拉冲训练,以扩大腰部和腿部的活动范围,提高身体的灵活性。

第三,通过推挡后侧身移动,再接正手推挡或侧身攻击的练习,提升身体协调性和敏捷性。

第四,削球后进行左右移动救追身球的练习,锻炼运动员的反应速度和侧向移动能力。

第五,进行大角度扑救球的练习,以提高运动员在紧急情况下的应变能力和柔韧性。

第六,从近台到中台再到远台,逐步增加身体各部位的活动幅度,以提

升运动员的柔韧性。

第七，进行远台放高球的反冲和反攻练习，强化运动员的爆发力和耐力。

五、乒乓球运动专项灵敏素质训练方法

第一，将训练者划分为四人一组，围绕乒乓球台进行跑动训练，并依照既定顺序轮流击球。在预设时间范围内击球次数最多的小组将获胜。

第二，将两名训练者配对，进行多球打目标专项练习。在乒乓球台两侧分别设立两个目标点（如球拍套或球拍等），通过扣球技巧练习，力求精准击中目标。最终，击中次数较多的一方将赢得比赛胜利。

第三，将训练者分为三人一组，共两队，分别驻守乒乓球台两端进行双打轮换击球训练。每次击球完成后，队员需完成一个俯卧撑动作，以备下次击球。在训练过程中需严格控制击球力度，避免使用强力扣杀。

第四，在乒乓球场地内，训练者需运用多样化的步法，以球拍托球方式进行"∞"字形跑动接力游戏，以此提高步法协调性与球技。

第五，训练者需用球拍托球，在乒乓球场地内进行折回跑的接力游戏，以锻炼耐力与协调性。

第六，选定一名追人者，手持乒乓球拍托球，在指定区域内追逐其他运动员。一旦追人者用球触及被追者身体，被追者即被判为被捉，随后需转换为新的追人者，游戏继续进行。

第七，将训练者划分为两队，每队包含3~4人，参照足球比赛规则，运用球拍与乒乓球进行模拟比赛。在规定的时间内，射中对方"球门"（可用场地上的特定标记替代）次数多的一方将获胜。

第三节　高水平乒乓球运动员软梯训练指导

一、软梯的含义

软梯作为一类重要的训练器械，主要划分为体能训练类软梯与实用软梯两大类别。其历史可追溯至19世纪的欧洲，最初是为提升士兵体能水平而专门设计的训练设备。初期的软梯结构相对简洁，由两根长绳构成基础框架，并在其间等距布置了硬度一致的支撑杆，可灵活悬挂于树木或室内空间，主要用于锻炼士兵的攀爬能力，这亦是现代攀爬软梯的初始形态。进入19世纪末期，中国从欧洲引进了此种训练器械，用以提升军事体能训练效果。

现代的实用软梯在结构上更为先进，通常采用尼龙绳或金属丝作为边框，而支撑部分则使用高强度的树脂管、塑料管或圆木。这样的设计不仅提高了软梯的耐用性，同时也增强了其便携性和使用时的安全性。因此，实用软梯被广泛应用于工程建筑、消防安全、野外探险等多个领域，成为高空作业中不可或缺的重要工具。

二、软梯训练的功能

概括来说，软梯组合训练的功能主要包括以下几方面。

（一）改善和提高运动员的灵敏、速度素质

灵敏素质是指人体在遇到环境变化时能够迅速做出反应并调整身体活动以适应外界变化的能力。这种能力在体能训练中极为重要，并对运动员的整体表现起到决定性作用。灵敏素质不是单一的身体素质，而是在运动中对平

衡、速度、力量和协调等多种身体素质的综合运用和体现。其水平高低受到这些因素的综合影响。

软梯训练法作为一种高效的训练手段，其独特之处在于通过不断变化的速度和方向来引导运动员进行身体重心的移动，这与灵敏素质训练的核心原则高度一致。通过软梯训练，运动员可以在不同方向和速度下练习步法和身体控制，从而有效提高在实际运动中的灵敏性。

（二）对平衡能力、协调性的作用

人体的平衡能力主要分为静态稳定性和动态稳定性两大类。静态稳定性涉及个体对自身姿势和平衡状态的控制与维持，强调在静止状态下保持平衡。动态稳定性则关注在动作执行过程中，身体如何保持在特定方向上的平衡，以及如何控制身体平衡的变化，这在运动中尤其重要。

躯干的核心肌群对于维持身体平衡和调节重心转移具有关键作用。它们为身体提供必要的支撑，确保在各种动作中都能保持稳定。

软梯组合训练，通过设计多样的步法练习，要求运动员在动态移动中保持稳定的身体姿态。这种训练方式迫使运动员在不断变化的运动模式中找到并控制自己的重心，通过反复练习，帮助运动员在实际运动中更好地调节身体重心的位置，以适应各种运动场景的需求。

（三）对爆发力的作用

爆发力，即快速力量，它指的是在极短的时间跨度内迅速释放大量力量的能力。这种力量的产生与人体独特的形态结构、能量代谢的效率以及神经系统的精密调控息息相关。而提升爆发力则主要依赖于神经与肌肉之间工作方式的协调优化以及技能水平的提升。

为了有效增强运动员的爆发力，特定的训练方法如肌肉的快速拉长与收缩训练被广泛应用。这些训练方式能够针对性地锻炼肌肉，使其在需要时能够迅速而有力地收缩。然而值得注意的是，单纯依赖高强度、大负荷的力量训练虽然能够增加肌肉的力量和体积，但并不能直接提升运动员的技能水平。

在软梯训练中，融入了多种反应力量的练习。这些练习不仅关注运动员的脚步移动速度，更强调与快速爆发式反应能力的结合。通过这样的训练，期望能够全面提升运动员的竞技表现，使其在比赛中能够展现出更高的水平。

（四）理想的准备活动手段

在开始任何训练之前遵循适当的热身原则至关重要。这包括进行适量的低强度热身活动，其主要目的是在较短的时间内提高肌肉的温度和弹性，减少肌肉的黏滞性，并激活神经肌肉系统的兴奋性。热身活动不仅促进身体能量的动员，也是对运动员心理状态和注意力的一种唤醒。

充分的热身是保证训练效果的关键，特别是在进行速度、灵敏度和爆发力等高强度训练时。通过认真的热身准备，可以为身体适应即将面临的更为激烈的训练打下坚实的基础，从而提高训练的安全性和有效性。只有当运动员在身体和心理两个层面都作好准备时才能从训练中获得最大的益处。

（五）对发展青少年身体素质的作用

神经系统是人体中最早发展且发展速度最快的系统，它在识别和把握身体素质发展的敏感期方面起着至关重要的作用。针对不同年龄段青少年的特定特点，进行有针对性的身体素质训练，可以极大地促进他们身体能力的提高。特别是8～13岁的青少年，这一时期被认为是进行灵敏速度训练的黄金年龄段。在这个阶段，青少年的反应速度、动作速度和移动速度会经历快速增长的阶段。他们的身体正处于一个活跃的生长期，神经系统展现出极高的灵活性，并且具有较强的适应性和模仿能力，这为身体素质训练提供了极佳的可塑性条件。因此，在这一时期对青少年进行身体素质训练，往往能够达到显著的成效。

软梯组合练习的方法多样且富有变化。这种训练形式不仅能够激发青少年参与训练的兴趣，还能有效促进他们身体机能的全面发展。在一种轻松愉悦的氛围中，青少年可以有效地提升自己的身体素质。

三、软梯训练过程控制

（一）训练时间选择

软梯训练是一种对运动员神经中枢兴奋性具有较高要求的训练方式。为确保训练效果及运动员的安全，应在课程的前半部分安排软梯训练，即在运动员体力和精力都相对充沛的时段进行。此举有助于促进主动肌与拮抗肌在收缩与放松过程中的协调能力的提升，从而更有效地达成训练目标。若运动员在疲劳状态下进行此类训练，可能会导致神经兴奋性下降、注意力分散，这不仅会削弱训练效果，还可能增加运动员受伤的风险。因此，合理的训练时间安排对于保障训练效果和运动员安全至关重要。

（二）训练负荷安排

软梯训练是专门用于提升速度和爆发力的器械，其使用频率和训练时长应根据运动员的个人经验和训练周期来安排。在训练中，运动员的移动速度和爆发力水平是决定练习强度的关键因素，通常训练强度保持在最大能力的90%左右。每个单独动作的训练时间应限制在10~20秒。

由于运动员在连续训练中很难持续保持极高的速度和爆发力，为了保证训练效果，训练的强度应控制在中等或中等偏上的水平。举例来说，如果一个练习动作重复5次，那么整个训练的持续时间应该大约是50秒，在这段时间里，运动员的心率应达到每分钟150~180次，以保证训练的效率和安全性。通过合理安排训练强度和时长，软梯训练可以有效地提升运动员的速度和爆发力。

（三）软梯训练注意事项

1.选择多样化训练手段

灵敏与协调素质的强弱直接取决于大脑皮质神经过程的灵活性。在面对单一刺激时，个体容易感到疲劳，注意力水平也会有所下降。为保证练习者在训练过程中保持积极的态度和兴趣，应在训练中融入趣味性强的游戏元素，以激发他们的练习热情。

2.重视拉伸练习

拉伸练习对于提升关节组织的灵活性具有显著效果，它能够满足关节肌肉在动态运动过程中各个方向变化的需求，特别是那些具有针对性的动态拉伸练习，更能有效促进关节的健康与运动表现力的提升。

3.避免过度紧张

在训练过程中如果训练者出现过度紧张或恐惧情绪，可能会导致肌肉僵硬、反应迟钝，影响动作的协调性和流畅性，进而影响训练效果。为保证训练效果最大化，训练者应将注意力集中在动作执行过程中，以严谨、规范的姿态完成每一个动作，从而保证训练效果达到最佳。在此过程中，训练者需保持冷静、沉着的心态，避免被不良情绪干扰。

4.循序渐进

循序渐进指的是训练过程中的一种科学方法论，即按照由简至繁、由易到难的顺序逐步推进。在训练初期，初学者应当选择那些负荷适中、动作难度较低的项目进行练习，随着技能的逐步提升，再逐渐过渡到更为复杂和综合的训练内容。

5.强调技术动作的正确性

在训练过程中必须始终将训练质量置于首位，而非单纯追求训练数量。教练员应通过明确的语言指导、规范的动作示范或声音提示引导练习者在保持动作质量的基础上逐步提高动作的执行速度。此外，掌握正确的技术动作不仅是提高训练效果的关键，更是预防运动损伤的重要前提。全体人员应严肃对待每一次训练，保证每一个动作都符合规范要求，为后期的训练成果打下坚实基础。

6.注重个性化的差异

软梯训练的方法和手段需针对练习者的生理及心理特点进行有针对性的选择和运用。

7.注意安全因素

虽然软梯训练方法被视为相对安全的一种训练方式，但在执行过程中，若操作不慎或未能遵循正确程序则仍存在潜在的危险因素。例如，准备活动不够充分，未能进行适当的热身；运动量和运动强度的设置不合理，超出身体承受范围；训练场地和运动鞋的选择不当，无法提供足够的支撑和保护等。为确保训练者的安全和训练效果，应依据每位练习者的身体状况、体能水平以及个人需求来合理安排训练内容。训练者在训练过程中也应穿着舒适、具有弹性的运动服装，以便在完成动作时能够更加自如、灵活，从而在保证安全的前提下实现高质量的训练效果。

第四节 体能训练前的专项准备与训练后的恢复再生训练

一、体能训练前的专项准备

（一）一般准备活动

通常来说，准备活动主要包括热身和身体激活等环节，整体耗时约20分钟。此活动旨在全面激活身体的主要肌肉群、关节与韧带，其目标在于循序渐进地增强大脑皮层的兴奋性，进而提升呼吸循环效率与代谢水平。通过实施精心设计的准备活动能有效促使体温与肌肉温度稳步提升,从而有效规避在剧烈运动进程中可能出现的肌肉损伤风险。

1.热身

体能训练前的热身环节具有至关重要的意义,旨在为训练做好充分的身体和心理准备。一个科学合理的热身程序能够有效提升局部肌肉温度、核心体温以及血流量,同时降低软组织的黏滞性,从而对运动能力产生积极的影响。热身主要通过慢跑逐渐提高身体温度,辅以一系列行进间的动作,如跑动扩胸、上下摆臂、左右转体、前踢步、后撤步、侧滑步、交叉步、后踢腿、侧摆腿等,以全面激活身体机能。尽管热身对于预防运动损伤的具体效果仍存在不确定性,但多数研究表明其具有积极的影响。例如,热身通过提高肌肉温度,有助于预防肌肉撕裂等运动损伤的发生。因此,训练者在运动训练前务必进行充分的热身,以保证训练过程中的安全与良好表现。

2.徒手操

(1)第一节:头部运动(2×8拍)

预备姿势:两腿自然分开,宽度略大于肩,两手置于腰间。

第1个8拍:

第1-2拍:保持预备姿势,头部逐渐向下低垂。

第3-4拍:头部缓慢向后仰起。

第5-6拍:头部向左侧倾斜。

第7-8拍:头部向右侧倾斜,同时恢复预备姿势。

第2个8拍:

第1-4拍:头部保持低垂,同时从左至右做圆周运动,最后回到低垂状态。

第5-8拍:动作与第1-4拍相同,但方向相反。

(2)第二节:两臂绕环运动(2×8拍)

预备姿势:站立,双脚与肩同宽或略宽于肩,双臂自然下垂,贴于身体两侧,五指自然并拢,呈现放松而稳定的状态。

第1个8拍：

第1拍：在保持双腿预备姿势的基础上，左手开始向前自然摆动至与肩同高的前平举位置，同时右手则向身体侧后方摆动，保证动作流畅且协调。

第2拍：动作与第1拍相反，右手向前摆动至前平举位置，左手则摆向侧后方，同样需要保证动作的连贯与对称。

第3拍：左手从前平举位置开始，经过身体前方，向后绕环，直至回到身体侧方；与此同时，右手从侧后方开始向前绕环，直至与左手同步回到身体侧方。

第4拍：双手还原至第1拍的姿势，即左手前平举，右手侧后平举。

第5-8拍：重复第1-4拍的动作，但整体方向相反，即左手完成侧后方的摆动和绕环，右手完成前方的摆动和绕环。

第2个8拍：

与第1个8拍的动作完全相同，从第1拍到第7拍都按照之前的描述进行。但到了第8拍时，动作结束，双手和双腿都恢复到最初的预备姿势，即双腿开立，双臂贴于体侧，五指并拢，准备开始下一轮的动作或者休息。

（3）第三节：肩部伸展运动（2×8拍）

预备姿势：双腿开立，间距略宽于肩膀，双臂自然下垂，紧贴身体两侧，五指并拢，呈放松而稳定的起始状态。

第1个8拍：

第1拍：双腿保持预备姿势，稳定不动。双臂同时发力，自身体两侧开始向后伸直延展，感受背部与肩部的拉伸。

第2拍：双臂从后方经两侧向上抬起，直至与肩同高，形成侧平举的姿势，同时掌心向外翻转。此时身体微微含胸，头部自然下垂，感受胸部的收缩与双臂的拉伸。

第3拍：双臂继续发力，由侧平举位置向前推动，直至双臂与肩同高，形成前平举的姿势。此时，应感受双臂肌肉的紧张与拉伸。

第4拍：双臂在前平举的基础上继续向前延伸，尽量拉长身体线条。同时身体继续含胸，头部保持下垂，掌心依旧向外，增强拉伸感。

第5拍：双臂保持前平举姿势，此时抬头，双眼目视前方。同时，翻转双手，使掌心向上，身体也逐渐恢复直立状态，感受胸部的舒展与双臂的放松。

第6拍：双臂再次发力，从前平举位置开始，经两侧向后延伸拉开，直至感受到背部与肩部的拉伸。此时，下巴微微上扬，增强颈部的拉伸感。

第7拍：双臂继续保持在后方拉伸的状态，然后经两侧向上抬起，形成侧平举姿势。此时，挺胸收腹，感受身体的舒展与挺拔。

第8拍：双臂从侧平举位置开始，向侧后方延伸，掌心向上。同时，身体逐渐还原至预备姿势，为下一个8拍的动作作好准备。

第2个8拍：

第2个8拍动作与第1个8拍完全相同，需重复进行。在整个动作过程中应注意伸展幅度要尽可能大，向指尖处延伸，以充分拉伸身体各部位的肌肉和韧带，提升身体的柔韧性和协调性。还应保持呼吸自然，不要憋气或过度用力，以免造成身体不适。

（4）第四节：肩部震动运动（2×8拍）

预备姿势：开始时，双脚开立，两脚之间的距离略大于肩宽，双臂自然下垂，紧贴身体两侧，五指自然并拢，掌心向内。

第1个8拍：

第1拍：在保持双脚开立的基础上双肩迅速向上提起，仿佛试图触碰耳朵，随后迅速下沉至起始位置。同时双臂从体侧迅速伸直并握拳，拳心向前。

第2-4拍：重复第1拍的动作，以保证动作连贯，节奏准确。

第5拍：单独提起左肩，右肩自然下沉，与左肩形成对比。双臂保持握拳伸直状态。

第6拍：右肩单独上提，左肩同时下沉，与第5拍动作相反。双臂继续保持姿势。

第7-8拍：双肩快速地上下震动数次，形成明显的肩部震动效果。随后双肩下沉至预备姿势，双臂同时放松，恢复成五指并拢、自然下垂的状态。

第2个8拍：

第2个8拍的动作与第1个8拍相同，但所有的肩部动作和双臂动作都进行反向操作。即原先提起的左肩在第2个8拍中变为下沉，原先下沉的右肩则变为上提。双臂的动作也相应反向，肩部震动要明显，以保证动作的准确性和

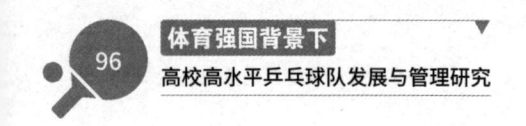

流畅性。

（5）第五节：体前屈肩部伸缩运动（2×8拍）

预备姿势：双腿开立，两脚之间的距离略宽于肩膀，身体向前弯曲至体前屈姿势，双臂伸直向前，五指并拢，指尖垂直于地面。

第1个8拍：

第1拍：在体前屈的基础上，左肩快速向下伸展，带动左手指尖触地，右肩迅速收缩，使右手指尖向下但保持离地，五指并拢，维持双臂伸直的状态。

第2拍：肩部动作与第1拍相反，右肩快速向下伸展，右手指尖触地，左肩收缩，左手指尖保持离地。

第3拍：从左肩开始，进行三次快速的伸缩交替动作，即左肩快速伸展使指尖触地，然后迅速收缩，重复三次，每次指尖都要触地。

第4拍：右肩单独向下伸展，使右手指尖触地一次，左肩保持收缩状态。

第5-8拍：重复第1-4拍的动作，但方向相反，即右肩先开始快速伸缩，左肩随后进行。

第2个8拍：

第2个8拍的动作与第1个8拍完全相同，继续按照上述步骤进行肩部伸缩和指尖触地的动作，双臂伸直，肩部动作要快速而准确。

在整个动作过程中，保持双臂伸直，肩部快速伸缩，指尖触地时动作要清晰明确，以展示良好的协调性和控制力。

（6）第六节：肩部绕环运动（2×8拍）

预备姿势：双腿开立，两脚间距略宽于肩，保持身体平衡。双臂自然下垂，紧贴身体两侧，五指并拢，掌心向内。

第1个8拍：

第1-2拍：双肩由后向前进行大幅度绕环，想象双肩在画一个圆，双臂保持自然下垂，不参与绕环动作。

第3-4拍：双肩动作方向改变，由前向后进行绕环，继续保持双臂的自然下垂状态。

第5-6拍：重复第1-2拍的动作，双肩再次由后向前绕环，双臂始终紧贴身体两侧。

第7-8拍：双肩由前向后绕环，最后回到预备姿势的位置，双臂同时恢复贴于体侧的状态。

第2个8拍：

第2个8拍的动作与第1个8拍完全一致，继续按照上述步骤进行肩部绕环，保持双臂下垂和上体直立，以保证绕环幅度大而流畅。

在进行肩部绕环时动作幅度要大，以充分活动肩部肌肉。上体也须保持直立，避免因绕环动作而倾斜或扭曲身体。

（7）第七节：振胸运动（2×8拍）

预备姿势：双腿开立，两脚间距略宽于肩，双手自然叉腰，掌心轻轻贴在腰部两侧，五指并拢。

第1个8拍：

第1拍：双手保持叉腰姿势，同时深吸一口气，利用胸部的力量向后扩展胸腔，感受到胸部的舒展和扩张。随后呼气并快速将胸部还原至初始位置，恢复双手叉腰的姿态。

第2-8拍：重复第1拍的动作，并伴随着深呼吸，以加强训练效果。

第2个8拍：

与第1个8拍的动作相同，持续进行双手叉腰、向后扩胸的动作。每次扩胸时都应保证动作幅度足够，以充分拉伸胸部肌肉，并达到舒展身体的目的。

在扩胸时，要求动作流畅且连贯。每次扩胸都应充分舒展，以感受到胸部的紧张和放松，从而达到锻炼胸部肌肉和增强呼吸功能的目的。同时保持身体稳定，避免摇晃或晃动。

（8）第八节：腰部伸展运动（2×8拍）

预备姿势：双腿开立，两脚间距略宽于肩，保持身体平衡。双臂自然下垂，紧贴身体两侧，五指并拢，掌心向内。

第1个8拍：

第1拍：双腿保持不变，身体向前弯曲，尽量让双手触摸到膝盖，感受大腿后侧的拉伸。

第2拍：继续向下延伸，双手经过小腿胫骨处，尝试触摸到脚尖，增强腿部和背部的伸展。

第3拍：双臂迅速向前伸直，手指向远方延伸，身体微微抬起，感受背部肌肉的收缩。

第4拍：身体完全直立，双臂与地面平行，向前平举，掌心向下，头部自然抬起，目视前方。

第5拍：双臂向斜上方举起，与地面成一定角度，感受肩部的拉伸。

第6拍：双臂继续向上伸直，举过头顶，掌心相对或向上，抬头望向天花板，使上半身尽可能伸展。

第7拍：身体向后弯曲，尽量让双臂在身体两侧向上伸展，掌心向上，感受背部的拉伸和脊柱的舒展。

第8拍：双臂从侧上方向后绕动，经过身体两侧，回到体侧并下垂，恢复预备姿势。

第2个8拍：

与第1个8拍的动作相同，再次完成上述连贯的动作流程。第8拍结束后，身体完全恢复到预备姿势，双臂自然下垂，准备进行下一轮动作或结束练习。

每一拍的动作都需要连贯且不停顿，双臂在伸展时要尽可能大幅度地展开，指尖向远端延伸，要注意保持身体平衡，避免因动作不稳而失去平衡。

（9）第九节：腰部侧摆运动（2×8拍）

预备姿势：起始时，双腿开立，两脚间距略宽于肩，双臂自然下垂，紧贴身体两侧，五指并拢，掌心向内。

第1个8拍：

第1拍：保持双腿开立宽度不变，左手向左侧水平伸直，五指并拢，指尖用力延伸，仿佛要触及远方。右手保持贴于体侧。上体向左侧倾斜摆动，随后迅速回归直立状态。

第2拍：左手从左侧平举位置回到体侧，右手依然保持贴于体侧。双臂恢复预备姿势，上体也回到直立状态。

第3拍：与第1拍动作相反，右手向右侧水平伸直，五指并拢，指尖用力延伸。左手则贴于体侧。上体向右侧倾斜摆动，随后迅速回归直立状态。

第4拍：右手从右侧平举位置回到体侧，左手依然保持贴于体侧。双臂恢复预备姿势，上体也回到直立状态。

第5-8拍：重复第1-4拍的动作，指尖始终延伸。

第2个8拍：

与第1个8拍的动作完全相同，即第1-7拍分别执行左手侧平举、上体左侧摆、右手侧平举、上体右侧摆的循环。在第8拍时，双臂回到体侧，恢复预备姿势。

在侧摆时，要保持身体的稳定，避免摇晃。侧摆动作要有力，并伴随着指尖的延伸，以充分锻炼身体的侧面肌肉。双臂要始终与身体保持协调。

（10）第十节：腰部侧伸运动（2×8拍）

预备姿势：站立，双腿开立，两脚间距略宽于肩，双臂自然下垂，紧贴身体两侧，五指并拢，掌心向内。

第1个8拍：

第1拍：保持双腿开立，左手自然叉腰，右手臂从体侧开始经肩部上方屈肘，直至上臂与地面垂直，掌心向前或向上。上体向左侧屈，感受右侧腰部的拉伸。

第2拍：保持第1拍的姿势不变，持续感受侧屈带来的拉伸感。

第3拍：右手自然叉腰，左手臂从体侧开始，经肩部上方屈肘，直至上臂与地面垂直，掌心向前或向上。上体向右侧屈，感受左侧腰部的拉伸。

第4拍：保持第3拍的姿势不变，持续感受侧屈带来的拉伸感。

第5拍：重复第1拍的动作，左手叉腰，右手臂经肩上屈成上举，同时上体向左侧屈。

第6拍：保持第5拍的姿势不变。

第7拍：重复第3拍的动作，右手叉腰，左手臂经肩上屈成上举，同时上体向右侧屈。

第8拍：双臂自然下垂，回到体侧，五指并拢，掌心向内，恢复预备姿势。

第2个8拍：

第1-7拍：重复第1个8拍的第1-7拍动作，直臂侧屈，充分感受腰部的拉伸。

第8拍：双臂自然下垂，回到体侧，五指并拢，掌心向内，恢复预备姿势。

侧屈时避免摇晃。侧屈要到位，感受到腰部的拉伸感。手臂在侧屈过程中应保持伸直状态，以增加拉伸效果。

（11）第十一节：摆髋运动（2×8拍）

预备姿势：站立，双脚分开，宽度略大于肩膀，保持身体平衡。双手轻轻放在腰间，拇指在后，其余四指在前，为身体提供支撑和平衡。

第1个8拍：

第1拍：随着音乐的节奏，开始向左扭动髋部，右侧的膝盖稍微弯曲，但不失去平衡。

第2拍：髋部迅速向右扭动，左侧的膝盖稍微弯曲。

第3拍：重复第1拍的动作，再次向左扭动髋部，右膝微屈。

第4拍：继续向右扭动髋部，左膝微屈，与第2拍相同。通过这样的重复，可以增强腰部的灵活性和力量。

第5-8拍：重复第1-4拍的动作，保持节奏和动作的连贯性。

第2个8拍：

第1-7拍：继续按照第1个8拍的动作进行，即髋部左右扭动和膝盖微屈。

第8拍：髋部停止扭动，回到预备姿势的状态。双脚仍然保持略宽于肩的站立姿势，双手仍然放在腰间。此时，全身放松，为接下来的动作或休息作好准备。

在整个动作过程中，髋部用力向侧扭动，同时保持上体的正直和稳定，避免因为扭动而导致上体摇晃或失去平衡。

（12）第十二节：旋髋运动（2×8拍）

预备姿势：站立，双脚分开略宽于肩，膝盖微微弯曲以稳定重心。双手轻放于腰部两侧，拇指在后，其余四指在前，以支撑腰部并辅助完成动作。

第1个8拍：

第1拍：髋部随着音乐的节奏开始从右侧向后旋转，逐渐过渡到左侧，感受腰部和髋部的协同运动。

第2拍：髋部从左侧向前旋转，流畅地过渡到右侧，注意动作的连贯性和流畅性。

第3拍：重复第1拍的动作，髋部再次从右侧向后旋转至左侧。

第4拍：继续第2拍的动作，髋部从左侧向前旋转至右侧，保持动作的连贯性和节奏感。

第5-8拍：重复第1-4拍的动作，保持旋髋的连贯性和节奏。

第2个8拍：

第1-7拍：与第1个8拍的动作相同，但方向相反，即髋部从左侧向后旋转至右侧，再从右侧向前旋转至左侧，如此往复。

第8拍：髋部停止旋转，回到预备姿势。双脚保持开立，膝盖微屈，双手继续叉腰，为接下来的动作或休息作好准备。

在旋髋过程中，要保持动作的连贯性和流畅性，避免停顿。腰部和髋部需要协调用力。

（13）第十三节：翻髋运动（2×8拍）

预备姿势：双脚分开，距离略大于肩膀的宽度，膝盖微微弯曲。双手轻放于腰部两侧，拇指在后，其余四指在前，以辅助稳定身体并准备完成接下来的动作。

第1个8拍：

从预备姿势开始，连续进行翻髋动作。髋部先向后翻转，感受腰部和髋部的协同运动，紧接着迅速向前翻转髋部，使得髋部向前突出。

第2个8拍：

第1-7拍：与第1个8拍的动作相同，继续从后向前翻髋。

第8拍：髋部停止翻转，回到预备姿势的状态。双脚仍然保持开立，膝盖微屈，双手继续叉腰。

在整个翻髋的过程中要保持向前翻髋的力度和速度，要注意动作的连贯性和节奏感，使得整个动作流畅、协调。

（14）第十四节：马步转腰运动（2×8拍）

预备姿势：双脚分开站立，宽度略大于肩宽，膝盖微微弯曲以保持平衡。双手轻轻叉在腰部两侧，准备开始动作。

第1个8拍：

第1-2拍：在节拍1中，双腿保持开立，膝盖微屈，双臂从腰部两侧水平展开至与肩平齐，掌心朝上。随着节拍2，上体向左转动90°，双臂继续保持侧平举姿势。

第3-4拍：在节拍3中，双腿保持开立，膝盖微屈，双臂依然侧平举，掌心朝上。随着节拍4，上体向右转动90°，回到面向正前方的位置，双臂继续保持侧平举。

第5-6拍：重复第1-2拍的动作，即上体再次向左转动90°，双臂侧平举。

第7-8拍：继续重复第3-4拍的动作，即上体向右转动90°，回到起始位置，同时双臂侧平举。

第2个8拍：

第1-7拍：与第1个8拍的动作相同，按照节拍进行体转和双臂侧平举的练习。

第8拍：双腿回到开立姿势，膝盖微屈，双臂从侧平举位置缓缓收回，双手重新叉在腰部两侧，恢复预备姿势。

在整个动作过程中，体转要到位，双臂始终保持侧平举姿势，不要晃动或下垂。

（15）第十五节：体前屈转腰运动（2×8拍）

预备姿势：站立时，双腿并拢直立，双臂自然下垂，紧贴身体两侧，五指并拢，掌心向内。

第1个8拍：

第1拍：左腿向左迈出一大步，两脚间距略宽于肩宽。身体前倾，成体前屈姿势，右手伸直向前，指尖触碰左脚脚尖，左手向左侧平举，与肩平齐。在左手侧平举的同时，腰部向左转动90°，目视左手方向。

第2拍：保持左腿的位置不变，身体稍微回正，右手从左脚脚尖处抬起，侧平举至与肩平齐，左手则向下弯曲，指尖触碰右脚脚尖。腰部向右转动90°，目视右手方向。

第3拍：重复第1拍的动作，右手再次向前伸直，指尖触碰左脚脚尖，左手侧平举。腰部向左转动90°，回到起始的左手方向。

第4拍：重复第2拍的动作，右手侧平举，左手指尖触碰右脚脚尖，腰部向右转动90°，目视右手方向。

第5-8拍：重复第1-4拍的动作，每次体前屈时膝盖伸直，转腰动作充分。

第2个8拍：

第1-7拍：重复第1个8拍的第1-7拍动作。

第8拍：收回左腿，回到两脚并拢的预备姿势。双臂自然下垂，紧贴身体两侧，恢复预备姿势。

在整个动作过程中，体前屈时膝盖要伸直，每次转腰都要充分到位，目视转腰方向，保持身体的平衡和稳定。

（16）第十六节：马步压肩运动（2×8拍）

预备姿势：站立时，双腿并拢直立，双臂自然下垂，紧贴身体两侧，五指并拢，掌心向内。

第1个8拍：

第1-2拍：左腿向左横跨一步，两脚间距略宽于肩，同时屈膝下蹲成马步姿势。双手同时扶在双膝上，然后利用上半身的力量使右肩向左下方下压两次，感受肩部的舒展与背部的拉伸。

第3-4拍：保持马步姿势不变，双手仍扶在双膝上，然后左肩向右下方下压两次，感受肩部的舒展与背部的拉伸。

第5-6拍：重复第1-2拍的动作，右肩再次向左下方下压两次。

第7-8拍：继续重复第3-4拍的动作，左肩再次向右下方下压两次。

第2个8拍：

第1拍：在马步姿势的基础上，右手轻轻离开右膝，用上半身的力量使右肩向左下方下压一次。

第2拍：左手轻轻离开左膝，左肩向右下方下压一次，感受两侧肩部的舒展。

第3拍：右手再次放回右膝，右肩向左下方下压一次，加深拉伸感。

第4拍：左手放回左膝，左肩向右下方下压一次，持续感受肩部的舒展与背部的拉伸。

第5-7拍：重复第1-3拍的动作，保持肩部的舒展与背部的拉伸。

第8拍：缓慢起身，双腿并拢，恢复两脚并拢直立的预备姿势。双臂自然下垂，紧贴身体两侧，恢复预备姿势。

在整个动作过程中要保持身体平衡，注意马步姿势的稳定。上体用力下压时要感受肩部的舒展与背部的拉伸，但不要过度用力，以免造成损伤。

（17）第十七节：弹腰与甩腰运动（2×8拍）

预备姿势：站立时，双腿并拢直立，双臂自然下垂，紧贴身体两侧，五指并拢，掌心向内。

第1个8拍：

第1拍：左腿向左迈出一步，两脚间距与肩同宽或略宽，身体前屈，腰部有弹性地弹起，双臂迅速下垂并垂直于地面，指尖尽量触及地面。

第2-4拍：重复第1拍的动作，每次体前屈时腰部弹起有力，双臂保持垂直。

第5拍：身体迅速直立，同时向后甩腰，双臂随之快速上举，手掌心相对或朝向天花板，下巴微微上扬，感受脊柱的伸展。

第6-8拍：重复第5拍的动作，持续感受脊柱的伸展与双臂的举高。

第2个8拍：

第1-2拍：双臂垂直于地面，指尖触地，身体直立并向后甩腰，双臂上举，下巴微上扬。

第3-4拍：双臂垂直于地面，指尖触地，身体直立并向后甩腰，双臂上举，下巴微上扬。

第5-7拍：重复第1-3拍的动作，保持动作的连贯性。

第8拍：将身体缓缓还原至预备姿势，双脚并拢，双臂贴于体侧，五指并拢，完成整个动作序列。

整个动作过程中要保持动作的幅度尽可能大，以充分拉伸和锻炼腰腹部肌肉。

（18）第十八节：腰部屈旋运动（2×8拍）

预备姿势：两脚开立，与肩同宽或略宽，双臂自然下垂，紧贴身体两侧，五指并拢，掌心向内。

第1个8拍：

第1拍：迅速将重心移至右腿，左腿迅速屈膝并抬起，使大腿与地面平行。右臂屈肘，用肘关节去触碰抬起的左膝，左臂自然地向后摆动并带动身体向左转动一次。

第2拍：左腿保持屈膝状态，向身体左侧点地，与右腿平行。右臂在屈肘的同时向侧上方伸直拉开，左臂自然下垂，与身体保持协调。

第3拍：重复第1拍的动作，左腿再次屈膝抬起，右臂屈肘触碰左膝，左臂后摆，身体向左转。

第4拍：左腿继续向左侧点地，与右腿平行。右臂再次向侧上方伸直拉开，左臂自然下垂。

第5-8拍：重复第1-4拍的动作。

第2个8拍：

第1-7拍：与第1个8拍的动作相同，快速抬腿并转腰。

第8拍：将左腿缓慢放下，双脚恢复开立姿势，与肩同宽或略宽。双臂自然下垂，回到预备姿势的状态。

在整个动作过程中要快速而准确地完成抬腿和转腰的动作，要注意保持身体的平衡和稳定。

（19）第十九节：正踢腿运动（2×8拍）

预备姿势：双腿并拢站立，双臂自然下垂，紧贴身体两侧，五指并拢，掌心向内。

第1个8拍：

第1拍：左脚向前迈出一步，双臂从身体两侧迅速展开，与肩平齐，掌心朝下，形成侧平举姿势。

第2拍：右脚紧跟向前迈出一步，与左脚保持适当距离，双臂继续保持侧平举。

第3拍：左腿迅速向上抬起进行大踢腿，腿部绷直有力。双臂和上半身保持稳定。

第4拍：左腿下落，脚尖轻轻点地，形成后点地姿势。双臂和上半身维持侧平举不变。

第5拍：右脚向后撤回一步，与左脚并拢站立。双臂继续侧平举。

第6拍：左脚再次向前迈出一步，与右脚保持适当距离。双臂姿势保持不变。

第7拍：右腿进行大踢腿动作，腿部绷直有力。上半身和双臂保持稳定。

第8拍：右腿回落，双脚并拢，恢复直立姿势。双臂继续保持侧平举。

第2个8拍：

第1–7拍：重复第1个8拍的第1–7拍动作。

第8拍：双脚并拢，双臂从侧平举位置缓缓收回，贴于身体两侧，恢复预备姿势。

需注意的是，踢腿动作要迅速且有力，腿部绷直。在整个动作过程中，保持身体平衡和稳定。

（20）第二十节：侧踢腿运动（2×8拍）

预备姿势：站立时，双腿并拢直立，双臂自然下垂，紧贴身体两侧，五指并拢，掌心向内。

第1个8拍：

第1拍：左腿向左迈出一大步，与肩同宽，双臂迅速向两侧展开，与肩平齐，掌心朝下，形成侧平举姿势。

第2拍：右腿紧接着向左前方迈出一步，脚尖指向左前方，与左腿呈一定角度。双臂保持侧平举姿势。

第3拍：左腿迅速向左侧抬起进行侧踢腿。双臂姿势保持不变。

第4拍：左腿收回并向后踩地，脚尖点地，身体重心稍微后移。双臂依然侧平举。

第5拍：右腿向右侧迈出一大步，与左腿保持适当距离。双臂姿势保持不变。

第6拍：左腿向右前方迈出一步，脚尖指向右前方，与右腿形成一定角度。双臂继续保持侧平举。

第7拍：右腿迅速向右侧抬起，进行侧踢腿动作，双臂姿势稳定。

第8拍：右腿收回并向后踩地，脚尖点地，身体重心稍微后移。双臂继续保持侧平举姿势。

第2个8拍：

第1–7拍：重复第1个8拍的第1–7拍动作。

第8拍：双腿收回并拢，双臂从侧平举位置缓缓收回，贴于身体两侧，恢复预备姿势。

侧踢腿动作要有力且迅速，在整个动作过程中，保持身体平衡和稳定。

（21）第二十一节：踝腕运动（2×8拍）

预备姿势：站立时，双腿并拢直立，双臂自然下垂，紧贴身体两侧，五指并拢，掌心向内。

第1个8拍：

左脚向左侧轻轻点地，左脚踝关节进行逆时针方向的绕环，绕环幅度要大。左手十指交叉握紧，以手腕为轴心同步进行逆时针方向的绕环动作，以增加身体的协调性。

第2个8拍：

右脚向右侧轻轻点地，右脚踝关节进行顺时针方向的绕环，绕环幅度同样要大。右手十指交叉握紧，以手腕为轴心，与左手同步进行顺时针方向的绕环，双手的绕环方向保持一致。

绕环动作要流畅且幅度大，保证每个动作都做到位，以达到最佳的训练效果。

（22）第二十二节：膝关节运动（2×8拍）

第1个8拍：

身体保持半蹲姿势，双脚与肩同宽或略宽，双手自然下垂后扶在膝盖上。开始以膝关节为轴心进行逆时针方向的绕环动作。在绕环过程中要确保动作流畅且幅度大，以充分活动膝关节。

第2个8拍：

继续保持半蹲姿势，双手继续扶在膝盖上。接着以膝关节为轴心进行顺时针方向的绕环。

在进行膝关节绕环时，动作要流畅、稳定，并且幅度足够大。

（23）第二十三节：小腿拉伸运动（2×8拍）

预备姿势：起始时，双手手掌平放在地面上，支撑身体，双脚并拢，脚尖用力蹬地，使身体保持在一个水平面上，核心肌群收紧以保持稳定。

第1个8拍：

第1拍：右腿膝盖弯曲，尽量将大腿向腹部方向抬起，左腿保持绷直状态，脚尖向后拉伸，以拉伸左腿后侧的肌肉群。

第2拍：左腿膝盖弯曲，大腿向腹部方向抬起，右腿保持绷直状态，脚尖向后拉伸。

第3拍：重复第1拍的动作，右腿膝盖弯曲，左腿绷直向后拉伸。

第4拍：重复第2拍的动作，左腿膝盖弯曲，右腿绷直向后拉伸。

第5-8拍：继续按照第1拍和第2拍的模式交替进行，保持动作的流畅性和稳定性。

第2个8拍：

第1-7拍：重复第1个8拍中的第1-7拍动作，即交替进行左右腿的屈膝和绷直拉伸。

第8拍：将双腿同时放下，恢复双脚并拢、脚尖蹬地的预备姿势，双手继续撑地，身体保持水平。

在进行腿部屈膝和绷直拉伸时要注意保持膝盖的绷直状态，以强化拉伸效果。整个过程中要保持身体的稳定性和平衡性，避免晃动或扭曲。

（24）第二十四节：跳跃运动（2×8拍）

预备姿势：站立时双腿并拢直立，双臂自然下垂，紧贴身体两侧，五指并拢，掌心向内。

第1个8拍：

第1拍：双腿同时用力跳起，左脚在空中迅速完成变换，落地时以脚后跟外侧点地，脚尖自然向上翘起，右脚保持直立，脚尖着地。在跳跃过程中注意膝盖保持紧绷状态。

第2拍：双脚在空中迅速交换位置，右脚落地时以脚后跟外侧点地，脚尖向上，左脚保持直立状态，脚尖着地。

第3-4拍：重复第1-2拍的动作，每次跳跃和点地都准确有力，保持身体的平衡。

第2个8拍：

第1-7拍：继续按照第1个8拍的动作模式进行，即左脚和右脚交替以脚后跟外侧点地，脚尖向上翘起，另一只脚则保持直立状态。

第8拍：在双脚跳起的同时迅速调整姿势，使双脚同时落地，回到预备姿势，即双腿并拢直立，双臂贴于体侧，五指并拢。在跳跃过程中要注意保持膝盖的紧绷和跳跃的弹性。

在跳跃和点地的过程中膝盖要始终保持紧绷状态，整个动作过程要保持流畅和协调。

（二）体能训练前的专项准备

1.专项准备活动概述

作为体能训练的重要环节，专项准备活动通常在一般准备活动结束后进行。这一阶段的活动内容主要围绕特定运动项目展开，通过类似专项的练习使运动员为即将到来的训练做好充分的身体与心理准备。

专项准备活动不仅有助于运动员在心理层面为更复杂的训练任务做好准备，更能激活其神经系统，为接下来的高强度训练奠定坚实基础。在技巧性要求较高、心理与认知因素占主导地位的体育项目中，专项准备活动的作用尤为突出。通过这一阶段的训练，运动员能够进一步提升专注力，减少失误，有效预防运动损伤，以保证训练的安全与顺利进行。

2.专项跑动练习（身体激活）

专项跑动练习（身体激活）是一种严谨而稳重的训练方法，其核心在于通过动态的练习方式循序渐进地增加训练的强度。此方法旨在有效提升身体温度，促进肌肉的有效伸展，增加关节的活动范围，并激活肌肉的本体感受功能。通过逐步提升神经系统的兴奋性，专项跑动练习能够系统性地整合并强化人体运动的基本模式，使之更加符合特定运动项目所需的精确动作模式。这不仅可以提高动作的经济性，还能在训练时提升动作效率。

（1）训练方法介绍

第一，以小碎步开始，逐渐加速至冲刺状态。

第二，完成滑步动作后，迅速转换为冲刺。

第三，完成高抬腿动作，紧接着进行冲刺。

第四，直接进行冲刺练习。

为有效激活神经与身体，应通过乒乓球专项步法与冲刺转换的方式进行身体激活。本阶段应进行4～5组练习，每组距离以25米为宜。

（2）注意事项

在训练过程中要关注专项步法与冲刺动作之间的流畅转换，从而通过训练充分伸展肌肉，有效激活神经系统，为后续的准备工作奠定坚实基础。

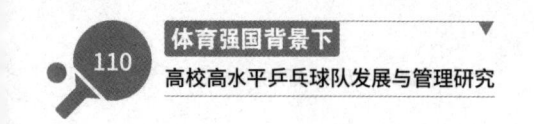

二、训练后的恢复再生训练

（一）训练后的整理活动

训练后的整理恢复活动对于高校乒乓球运动员来说至关重要，其重要性不亚于运动前的热身准备。整理恢复活动的主要目的在于帮助机体快速消除运动后的疲劳状态。在剧烈运动后，机体会产生大量的供能代谢产物，这会导致内环境酸碱度失衡，从而引发一系列生理反应。此外，氯离子的堆积可能阻塞供能循环通路，乳酸盐的生成以及磷酸原、糖原的大量消耗，都会严重影响机体的能量合成效率，进而加剧疲劳感。

为了有效促进机体的恢复，缓解延迟性肌肉酸痛，高校乒乓球运动员在运动结束后应进行适当的整理活动。这些活动包括放松练习和静态拉伸等，持续时间建议为10～15分钟。通过这些活动可以帮助肌肉放松，促进血液循环，加速代谢产物的排出。此外，运动后的营养补充和水分摄取也是促进机体恢复的关键。高校乒乓球运动员应合理摄入富含蛋白质、维生素和矿物质的食物，以及适量的水分，以补充运动中消耗的能量和水分。

除了上述方法外，高校乒乓球运动员还可以采用多种有效手段来消除机体和心理疲劳。例如，利用温度刺激法（如冷暖浴、桑拿浴）来促进血液循环和新陈代谢；通过按摩来放松肌肉，缓解紧张感；听音乐则可以帮助放松心情，促进身心的全面恢复。

（二）软组织再生训练

1.再生的定义

再生技术是一种经过精心设计的训练程序，其目的在于有效促进机体疲劳状态的迅速恢复，并对肌肉、筋膜等软组织的超纤维结构损伤进行高效修复，使器官组织正常运作。

2.再生训练的方法

（1）背部肌群

目的：对背部肌群和筋膜等软组织进行系统的梳理与延展，以增进局部血液循环和淋巴回流。

方法：

第一，将背部肌群置于泡沫轴上，并以胸椎下部为起始点，逐渐朝颈椎方向进行按压。在按压过程中动作轻缓，使泡沫轴在背部肌群上滚动。

第二，维持这一滚动练习，持续时间为15～20秒。

（2）大腿外侧肌群

目的：为优化大腿外侧肌群、髂胫束及筋膜等软组织的结构与功能，需对其进行系统梳理与适度延展，以促进局部血液循环及淋巴回流，提升整体健康水平。

方法：

第一，将大腿外侧肌群置于泡沫轴之上，起始按压位置应位于大腿下部，随后逐渐向上移动至大腿上部，滚动过程中动作轻缓流畅。

第二，重复执行此滚动练习15～20秒，随后换另一条腿进行交替练习。

（3）大腿后肌群

目的：经过专业的梳理与延展处理，大腿后群肌肉、筋膜等软组织得到显著的改善，进而促使局部血流和淋巴回流顺畅。

方法：

第一，保证大腿后侧肌肉完全接触并压在泡沫轴上，随后以缓慢且稳定的动作从大腿下部开始按压，并逐步向大腿上部移动，全程保持轻缓的滚动节奏。

第二，以双腿交替的方式持续进行滚动练习，每次维持15～20秒的时间。

（4）大腿前肌群

目的：经过系统梳理与适度延展，大腿前群肌肉、筋膜等软组织得到有效调整，进一步促进该区域的血液与淋巴循环。

方法：

第一，将大腿前侧的肌肉群置于泡沫轴之上，初始按压位置为大腿下部，随后逐步向上部推移，进行缓慢而流畅的滚动练习。

第二，维持此滚动练习15～20秒，之后双腿交换进行相同练习。

（5）梨状肌

目的：针对梨状肌肉、筋膜等软组织进行系统的梳理与延展，以促进局部血液与淋巴系统的循环与回流。

方法：

第一，左脚掌用力向上施压，以驱动身体逐渐向上移动，保证泡沫轴顺利滚动至臀部稍下方的位置。

第二，维持这一滚动练习15～20秒，之后双腿交替进行练习。

（6）小腿后肌群

目的：对小腿后侧肌肉、筋膜、跟腱等软组织进行系统的梳理与延展，旨在提升局部血液循环与淋巴回流的效率。

方法：

第一，保证小腿后侧肌肉平稳地放置在泡沫轴上，初始按压位置位于小腿下部，随后逐步向小腿上部推移，练习过程中需保持缓慢且均匀的滚动。

第二，重复这一滚动练习15～20秒，随后更换另一条腿进行相同练习。

（7）胫骨前肌

目的：经过细致梳理与合理延展可以有效改善胫骨前肌肉、筋膜等软组织的状况，进而促使局部血流与淋巴回流更加顺畅。

方法：

第一，双手施加适当的力度，以促使身体逐渐上升，进而驱动泡沫轴向脚踝部位滚动。

第二，持续15～20秒的滚轮练习。

（8）体侧肩部肌群

目的：梳理和延展体侧肩部肌群和筋膜等软组织，促进局部血流和淋巴回流。

方法：

第一，将体侧肩部肌群压在泡沫轴上，按压部位由体侧下部开始，逐步向上臂方向移动，轻缓滚动。

第二，重复滚动练习15～20秒。

（9）手臂肌群

目的：通过系统整理与适当拉伸肱二头肌的肌肉组织与筋膜等软组织，可有效推进该部位的血液循环与增强淋巴系统的回流功能。

方法：

第一，以双手施加适当力度，促使身体向前移动，使泡沫轴逐渐滚动至靠近肘关节的部位。

第二，持续进行滚动练习，维持时间为15～20秒。

泡沫轴按摩的整体要求：在利用泡沫轴进行拉伸放松时，若遇到硬块、结节或其他疼痛区域，应在这些部位适当延长滚动和按压的时间。若感觉尚可承受，也可适度增加压力。整个按压过程时间不宜过长，速度也应该保持适中，以免对身体造成伤害。

第五章

高校高水平乒乓球队的心理训练

在竞技体育的激烈角逐中，心理训练已成为提升运动员表现的关键因素之一。对于高校高水平乒乓球队而言，心理训练不仅涉及技术与战术的执行，更关乎运动员的心理素质、抗压能力以及比赛中的决策能力。本章对高校高水平乒乓球队心理训练的相关知识进行分析，旨在为高校乒乓球队教练员和运动员提供科学、系统的心理素质提升方案，帮助运动员在国内外竞技舞台上展现出最佳的精神面貌和竞技状态。

第一节 运动心理训练理论

一、认知心理学理论

（一）认知心理学理论的发展及其主要观点

1967年，著名学者迪克·奈瑟尔（Ulric Neisser）发表了《认知心理学》

这一里程碑式的著作，此举标志着认知心理学正式成为一门独立的学科。由于奈瑟尔在认知心理学领域作出了杰出贡献，他被誉为"认知心理学之父"。认知心理学作为认知科学的重要组成部分，致力于深入探索人类心理现象中的认知活动。

关于认知心理学的定义，存在广义与狭义之分。广义而言，认知心理学涉及多个分支领域，诸如结构主义心理学、心理主义以及信息加工心理学等，这些分支均致力于深入探讨意识、认知等高级心理过程。而狭义上的认知心理学则专门指信息加工心理学这一分支，该分支聚焦于从信息处理的角度对人类复杂的认知过程进行精细分析与研究。

信息加工心理学在阐释人脑信息处理机制时借鉴了科学的计算机原理。计算机通过输入设备接收信息，进而执行信息的处理与存储操作，最终根据需求进行输出。类似地，人类大脑在信息处理过程中也先接收信息，随后进行转换、加工和存储，以保证信息在需要时能够被有效检索和利用。

通常当人们提到认知心理学时，他们指的往往是狭义上的信息加工心理学。该学科的主要观点如下。

第一，强调个体的知识及其知识结构对心理活动和行为具有决定性影响。认知心理学借鉴了计算机处理信息的模型，认为人脑的信息处理可以通过信息加工的模型和术语来阐释。

第二，认识到意识和内部心理活动的重要性，主张意识在心理过程中与行为具有同等重要的作用，并融合了行为主义心理学的一些基本原理。

第三，在研究方法的运用上，信息加工心理学着重依托实验手段对理论进行验证，并频繁运用自我观察法，即引导参与者在实验过程中主动报告其心理层面的体验与活动，以此获取更为直接和全面的数据。

（二）基于认知主义心理学理论的学习观与教学观

1.基于认知主义心理学理论的学习观

电子计算机的发展为认知心理学提供了一个强有力的模型，用以描述学习者如何利用现有的知识结构来吸收和理解新知识。这一理论不仅在筛选和处理新信息方面发挥作用，还在个体的经验积累过程中对感知和认知活动进行调整和修正，这代表了学习心理学领域的一个显著转折点。

随着这一理论的兴起，人们对知识的理解开始发生变化。虽然知识被认为是普遍和客观存在的，但认知心理学强调知识会受到个人先前经验的影响，从而在不同个体中呈现出差异性。认知心理学派的学习理论将研究的焦点从学习的内在机制转移到了学习者个体，即更加关注学习者主体的研究。

这种研究焦点的转移反映了对学习意义和本质的更深层次理解，强调学习不仅仅是引起学习者行为上的改变，更重要的是促进学习者内在能力和认知倾向的发展。这种观念的转变主要体现在以下三个方面。

（1）重视学习主体的主观能动性。在教育心理学的范畴内，格式塔学派提出了学习过程中尝试错误和顿悟两个阶段的重要性，这两个阶段对于知识的掌握和深化极为关键。该学派的代表人物库尔特·考夫卡（Kurt Koffka）强调，学生在学习过程中需要积极地发挥自己的主观能动性，通过深入的思考和细致的体验，不断地进行探索。同时，另一位教育心理学家罗伯特·加涅（Robert Gagné）提出，学习者的变化是内在因素和外部刺激共同影响的结果，是经过学习而获得的。学生需要主动地发挥自己的主观能动性，对外部信息进行加工和处理，以产生有效的学习反应。在这些理论的支持下，杰罗姆·布鲁纳（Jerome Bruner）提出了启发式教学法，其核心理念是激发学生对知识的兴趣，引导他们乐于进行思考和探索。这种方法有效地促进了学习者主观能动性的发挥，鼓励学生主动地参与到学习过程中，而不是被动地接受知识。启发式教学法强调通过问题引导、讨论和实践，帮助学生构建知识，培养他们的批判性思维和解决问题的能力。

（2）重视结构在学习中的作用。罗姆·布鲁纳这位杰出的教育心理学家被誉为结构主义教学论的奠基人。他坚信，学校教育的核心不应局限于表面知识的灌输，而应聚焦于引导学生深入探索一门学科的内在本质与框架。布鲁纳强调，对学科结构的深刻理解有助于学生从整体上把握知识的脉络，从而更好地理解学科内部的细微差别。这种教学方法不仅有助于提升学生的认知能力，更能为他们的未来发展奠定坚实的基础。与此同时，大卫·奥苏贝尔（David Ausubel）的有意义学习理论也强调了认知结构在知识学习中的重要性。他认为，所谓的认知结构实质上是指学习者在学习过程中所构建的知识体系。奥苏贝尔进一步指出，高效的知识学习与记忆在很大程度上依赖于这一认知结构的合理性。学习者的认知结构不仅决定了新知识的构建方式，更影响了新知识在脑海中的稳定性与清晰度。只有当新知识结构与已有的认知结构建立起本质的联系，学生才能实现对旧有知识结构的完善与更新，从而真正掌握新知识。这一过程无疑是学习知识的核心所在。

（3）重视学习的层次性和阶段性。加涅所提出的累积学习模式为理解学习的多样性和复杂性提供了新的视角，这一模式超越了传统学习理论的一概而论。加涅认为，学习是一个多维度和多层次的过程，应当按照从简单到复杂、从基础到高级的顺序逐步进行。基于这一理念，他将学习过程细分为八个递增的层次：信号学习、刺激—反应学习、连锁学习、言语联想学习、辨别学习、概念学习、原理学习以及问题解决学习。这些层次不仅相互关联，而且构成了一个连续的学习体系，对于教学实践具有重要的指导意义，使教育者在教学方法的选择和内容的安排上更加合理和有效。

在20世纪三四十年代，著名心理学家皮亚杰（Jean Piaget）提出了认知发展阶段理论，该理论将人类的认知发展过程系统性地划分为四个阶段，分别是感觉运动阶段、前运算阶段、具体运算阶段以及形式运算阶段。此后，布鲁纳在此理论基础上对运动员的认知发展进行了更为精细的划分，具体包括了动作表征阶段、映象表征阶段以及符号表征阶段，进一步丰富了认知发展理论在运动领域的应用。另外，奥苏贝尔也提出了关于智力发展的三个阶段理论，包括前运算阶段、具体运算阶段和抽象运算阶段，为智力发展的研究提供了重要的理论支撑。

这些阶段性理论向教育者传达了一个关键信息：为了实现最佳的教学效果，必须根据学习者所处的不同认知发展阶段，采用合适的教学方法，并相应地调整教学目标。这强调了教学方法和目标需要与学习者的认知发展水平相匹配，以促进有效学习。

2.基于认知主义心理学理论的教学观

鉴于学习者与刺激的相互作用受到其现有记忆结构的影响，体育教学的核心任务之一便是帮助运动员意识到他们已经掌握的知识和理念。在这个前提下，教师或教练应提供专业的指导方法，以帮助运动员在信息量巨大的环境中有效学习。这种教学理念要求体育教师或教练员的角色从单纯的运动技能传授者转变为更加注重运动员学习过程的指导者和管理者。

体育教师或教练员应通过直观的示范来指导运动员模仿动作，并激励他们利用先行组织者和概念图等工具来搭建新旧知识之间的桥梁。这种方法有助于运动员学习如何控制自己的思维过程，从而促进其多元认知技能的发展。作为体育教学或训练的指导者，教师或教练员应协助运动员对运动知识和技能进行深入地理解和应用。

体育学习活动应当包含以下几个关键组成部分：进行思维和记忆的训练，构建认知框架并使技能达到熟练自动化，以及采纳自我调节的学习策略。为了达成这些目标，体育教学者应营造一个积极的学习环境，鼓励运动员主动处理信息、质疑信息，并尝试解决相关的问题，以积累宝贵的经验。这些经验将有助于提高运动员独立评估和应用运动知识与技能的能力。

二、建构主义理论

（一）建构主义心理学理论的发展及其主要观点

1.认知建构主义

皮亚杰是认知建构主义理论的杰出代表，该理论提出了对知识获取和学习过程的独特见解。根据这一理论，尽管存在一个独立且真实的外部世界，但个体对这个世界的理解和认知是有限的。换言之，知识并非被动地从外部世界接收，而是通过个体的主动建构形成的。这种建构过程受到个体智力发展水平的影响，因而每个人对知识的理解都具有主观性。

学习的核心在于个体如何将新信息整合到他们已有的认知结构中，即"图式"。图式是个体理解世界的心理框架，它们随着新经验的积累而不断演化。当新信息与现有的图式相吻合时，个体通过一个"同化"过程将这些信息融入现有认知结构中。当新信息与个体的现有图式相冲突或无法简单整合时，个体必须通过"顺应"的过程调整或重建他们的图式，以适应新的信息。

皮亚杰的认知建构主义理论强调了学习者的主动性和创造性以及在面对认知冲突时对现有知识结构进行调整的重要性。这一理论对教育实践有着深远的影响，通过皮亚杰的视角，教育者可以更好地设计支持个体认知发展的学习环境和活动。

2.社会建构主义

作为社会建构主义的杰出代表，维果茨基（Ler Semenorich Vygotsky）深受皮亚杰理论的影响，他坚定地秉持着一种信念，即个体通过与他人的协作共同解决问题，从而构建个人对现实的认知体系。此外，维果茨基对社会文化环境如何影响公众对事物和事件的理解进行了深入的探讨。他主张现实并非一个纯粹客观的存在，而是个体间通过语言、示范、图片等多种形式的互动，共同构建并分享的一个复杂而丰富的知识体系。

（二）基于建构主义心理学理论的学习观与教学观

建构主义理论郑重指出，教学的核心目标在于引导运动员运用多样化的视角来审视问题，并在学科领域内外辨识各种观点，以深化对问题及其发展过程的认知，并坚定其信念。当运动员能够全面把握待评估的事实，并在思维过程中形成独特的个人见解时，知识方能真正在他们的思维中生根发芽。从建构主义的视角来看，运动员及其他技能知识的学习者，均可被视为处于学习探索阶段的"科学家"或"学徒"，而教师则扮演着举足轻重的"促进者"与"合作者"角色，致力于推动运动员的有效学习与全面发展。

1.基于建构主义心理学理论的学习观

建构主义学习理论强调运动员在学习过程中的主动性和自主性，与传统的以教师为中心、侧重于知识传递的教学模式形成对比。根据建构主义，知识不是被动接受的，而是运动员通过个人经验主动构建的。因此，教学的核心在于营造一个有利于学习的环境，让运动员在其中扮演探索者、问题解决者和策略规划者的角色。他们通过整合新信息、创建新的认知结构（图式），并进行反思来应对新情况和挑战。

建构主义理论还指出，知识的构建是一个和情境相关的个性化过程。为了有效地从实际情境中抽象出知识和学习活动，需要设计特定的教学情境。然而，这种方法可能存在忽视了学习背景和社会环境要素的风险。社会互动和情境背景对于建构知识至关重要。为了实现有效的学习，必须设计出具有挑战性和现实感的学习环境，提供机会让运动员在多样化的情境中实践和应用知识。

在运动训练领域，建构主义学习观的应用要求训练活动与实际比赛情境紧密结合，避免训练与实战之间的脱节。如果运动员仅在训练环境下表现出色，而未能将在训练中学到的技能和策略有效迁移到实际比赛中，可能就会因缺乏适应性和应变能力而无法发挥出最佳水平。因此，树立建构主义学习观有助于改进运动训练的方法，通过模拟真实比赛情境提升运动员在实际比赛中的成绩。

2.基于建构主义心理学理论的教学观

在认知建构主义的教学理念中，教师的角色从单纯的知识传授者转变为学习过程的促进者。教师的职责在于创造认知冲突，激发运动员的认知失衡，引导他们解决问题，并监督他们在解决问题后的反思活动。根据认知建构主义，知识的真正理解和掌握是在打破现有的认知平衡之后实现的。因此，教师的关键任务是提出富有挑战性的问题，这些问题应该足以打破运动员现有的思维平衡。

社会建构主义进一步强调，教师在运动员的知识建构过程中应扮演合作伙伴的角色，鼓励运动员表达想法，哪怕这些想法一开始可能不完全正确。教师需要参与到运动员的探索过程中，引导他们学习正确的研究方法和步骤。社会建构主义认为，认知发展是从社会互动到内部思维过程的转变。因此，作为合作者的教师，其职责在于监督学习过程并积极参与这一转变。

从社会建构主义视角出发，杰弗里·舒尔曼（Jeffrey Shulman）针对教学提出了以下两点重要建议：第一，运动员在思考过程中出现的错误不应仅仅被视作值得褒奖的行为，而应被视作其学习准备阶段的一种体现。这反映了运动员对于新知识的渴求，以及对于纠正错误观点的迫切需求，为教师提供了针对性的学习支持起点。第二，运动员应加强与同伴及经验丰富者（包括教师）的交流互动，教师应扮演共同创造的合作伙伴角色。

对于教练员而言，无论是作为学习的促进者还是合作伙伴，重要的是在训练过程中为运动员提供恰当的引导，创造提问和质疑的机会，给予他们充足的空间独立思考，有助于他们更深刻地理解和掌握运动技能。

在建构主义学习理念的引领下，体育学习呈现出新的趋势和特点。首先，学习进度的层次性体现了对运动员个体差异的尊重，使教学更加个性化。其次，学习内容变得更加开放和多元，不再局限于单一的体育技能，而是包括了广泛的知识和技能。再次，学习方法变得更加主动和互动，从传统的教师主导讲授转变为促进运动员之间的合作与交流。最后，学习指导和评价过程更加注重过程本身，从单纯关注结果转变为同时关注学习过程和学习者的态度。

总之，在建构主义学习理念的指导下，体育学习的新特点强调了运动员学习的自主性、建构性、互动性、开放性以及评价的多元性，这为体育教育的创新和进步提供了坚实的理论基础和实践方向。

三、人本主义理论

（一）人本主义心理学理论的发展及其主要观点

人本主义心理学起源于20世纪50年代的美国，由亚伯拉罕·马斯洛（Abraham H. Maslow）和卡尔·罗杰斯（Carl Ransom Rogers）共同奠定基础。作为在行为主义心理学和精神分析心理学之后兴起的心理学流派，人本主义心理学被推崇为现代心理学的第三大势力，它是当今极具影响力的心理学派之一。

第二次世界大战结束后，美国经济的迅猛发展促进了人民生活水平的显著提高。然而，资本主义社会竞争的加剧不可避免地引发了失业、青少年犯罪、道德滑坡等一系列社会问题。在这样的时代背景下，人本主义心理学应运而生，为这些问题的解决提供了新的理论视角。

人本主义心理学家指出，当前社会中存在的诸多问题，其根源在于对个体内在价值认识的缺失，尤其在当代社会，这一缺失现象尤为突出。在此背景下，人本主义心理学家开始将研究重心转向对人的尊严与价值的重视，这一观念迅速获得了社会各界的广泛认可，并推动了人本主义心理学理论的深入拓展与广泛传播。

人本主义心理学强调个体意识经验的核心地位，秉持性善论和自我实现论的基本原则。该学派以"以人为本"为核心思想，深刻关注人的尊严、自由、内在潜能以及个体发展的无限可能性。人本主义心理学倡导从个体的主观体验出发，全面而深刻地理解和尊重人的思想、动机和人格的独特性与主动性，致力于探索人的创造力，发掘并发展个体的潜能，以推动个体的自我实现和全面发展。

（二）基于人本主义心理学理论的学习观和教学观

1.基于人本主义心理学理论的学习观

人本主义心理学理论认为，每个人都应被视为学习过程中的主体，并应得到尊重。该理论提倡为运动员的学习提供充足的自由度，以便他们能够深入挖掘自身的内在潜力，并以一种积极和乐观的心态来吸收新知识，培养健康的人格。在这一学习过程中，运动员需要全身心投入，充分展示他们的自主性和主动性，确保所学知识能够被全面且深入地理解和掌握，并且运动员应具备自我评估和反思的能力。人本主义心理学特别强调，在探索性学习中，运动员应致力于提升团队合作和沟通技巧，鼓励他们勇于提出个人见解，同时勇于面对并纠正自己的错误，以形成积极的学习态度和情绪，以及清晰的意识和理性。此外，该理论还鼓励运动员与教练或教师之间建立和谐的人际关系，共同努力营造一个积极且支持性的学习环境。在掌握特定运动技能和知识的同时，运动员也应该注重学习方法的掌握，学会如何高效地学习，这将为他们未来成长和职业发展打下坚实的基础。

2.基于人本主义心理学理论的教学观

（1）改变教学方法，强调运动员的主体地位

人本主义教育理论强调，在教学实践中，教师应当以尊重和信任为基础与运动员互动，坚信他们具有自我提升和自我教育的内在潜力。教师的角色是引导运动员参与设定具体的学习目标，并鼓励他们自主选择合适的学习方法，以帮助他们掌握合理有效的身体锻炼技巧。此外，人本主义教育提倡建立一种平等的师生关系，教师的职责不仅限于传授知识，更包括对运动员的关怀、认可、信任和理解。教师应致力于引导运动员对环境的认知以及对自身能力的理解，同时增强他们在学习过程中的积极体验。

人本主义教育理论特别强调避免使用惩罚、强制或要求过多等负面方法来推动学习。相反，教师应通过创造积极的学习环境和体验，激发运动员的内在动机。为了满足运动员个性化的学习需求，教师可以通过组织多样化的课外活动来促进运动员的全面成长和发展。这种方法不仅关注运动员的技能提升，也关注他们的个人成长和自我实现。

（2）提倡自由探索，充分发挥运动员的能动性

人本主义教育理论强调在教学过程中尊重运动员的自主性和主动性。为达到这一目标，教师应给予运动员足够的自主权和实际操作的机会，让他们通过实践来提高技能水平。同时，教师应鼓励运动员自己设定学习目标，并进行自我监督和评估，这有助于运动员在学习过程中获得更加积极和深刻的体验。为了培养运动员的探究能力和创新思维，教师需要清晰地定义教育的主题，并创造一个有利于运动员探索的环境，激励他们主动识别问题并寻找解决办法。此外，教师应为运动员提供展示自己才能的机会，并及时提供鼓励、指导和必要的监督，以促进运动员在多方面的成长和发展。通过这种以运动员为中心的教学方法，人本主义教育理论旨在激发运动员的内在潜力，帮助他们实现自我价值，并在教育过程中培养他们终身学习的能力。

（3）注重对运动员情感、态度和价值观的培养

人本主义教育理论明确反对唯智论的立场，它坚信学习过程是个体全面成长的过程。该理论不仅要求运动员掌握必要的知识和技能，更着重于他们在情感、态度和价值观上的发展。为达成这一教育目标，教师需要全面而深入地理解运动员，从运动员的视角出发思考问题，敏感地察觉运动员的情感

变化，并坚信运动员具有发挥其内在潜力的能力。

在教学实践中，教师应以真诚和尊重的态度面对每一位运动员，重视运动员的情感、观点和意愿，努力与运动员建立积极和谐的师生关系。教师应通过自己的行为为运动员树立榜样，营造一个充满支持和理解的教学环境。在这样一种氛围中，运动员能够在身心两方面都得到均衡的发展，实现个人潜能的全面发展和个性的和谐统一。

第二节 高水平乒乓球运动员心理训练的内容

概括来说，高水平乒乓球运动员心理训练的内容主要包括以下几方面。

一、坚强的意志品质

意志在个体行为及决策过程中发挥着至关重要的引导作用。在不同的行动阶段，意志所展现的特质及其强度往往呈现出显著的个体差异。对于乒乓球运动员而言，无论是在日常的刻苦训练中还是在激烈的竞技比赛中，他们均需要面对各种复杂的挑战与困难。在这种高度紧张与压力并存的环境中，对运动员的意志品质提出了更为严格的要求。为了获得卓越的运动成绩，乒乓球运动员必须勇于面对并有效克服来自各方面的压力与挑战。

优秀的意志品质不仅能够帮助运动员在训练中保持专注和毅力，还能在比赛中保持冷静和果断，这对于提升运动表现力至关重要。只有通过持之以恒的训练和不断地实战，运动员才能逐渐具备卓越的意志品质。这种品质的提升将增强运动员的自我驱动力，使他们在面对困难和挑战时更加自觉地参与训练，并在解决问题时表现出更强的决断力。

因此，意志品质的培养对于乒乓球运动员来说是一个持续的过程，它要求运动员在不断地挑战中锻炼自己的心理韧性，提升自我控制能力以及增加面对逆境时的心理弹性。通过这样的锻炼，运动员能够在乒乓球比赛中取得更好的成绩，实现个人的运动目标。

二、精确的运动知觉

对于乒乓球运动员而言，精确的运动知觉是一项至关重要的心理素质，其在精确控制动作和进行空间定位方面发挥着不可或缺的作用。在乒乓球比赛的激烈角逐中，运动员需要精准掌握拍形的调整、击球点的选择、力量大小的把控以及步法移动的协调等多个关键环节，这些控制能力直接关系到运动员在比赛中的表现和最终成绩。

为了提升这种控制能力，运动员必须通过长时间的训练来培养出色的球感和时间感。具备良好球感的运动员能够敏锐地感知来球的方向、速度和旋转，从而做出更为精准的反应和调整。这种能力不仅对完成技术动作至关重要，也对控制比赛节奏和适应对手的战术变化具有深远的影响。因此，乒乓球运动员需要通过持续的实践和经验积累来提高自己的运动知觉能力，包括对球的飞行轨迹、旋转特性和对手动作的快速识别和反应。通过这种知觉能力的提升，运动员可以更好地预测球的落点，把握击球时机，合理进行力量分配，从而在比赛中取得好成绩。

三、稳定的情绪和控制能力

情绪本质上是一种心理活动，同时也是对外界事物的反应方式。环境的突然变化往往是触发情绪的关键因素。在乒乓球竞技中，运动员的情绪状态对其技术水平的发挥具有直接且显著的影响。积极乐观的情绪能够激励运动员采取主动行动，这对于提升他们的斗志和促进技术技能的充分展现极为关键。一种正面的情绪状态可以帮助运动员更好地集中注意力，增强自信，并在压力下保持冷静，在比赛中发挥出最佳水平。此外，乒乓球比赛的快速变化要求运动员具备出色的应变能力和自我控制能力。良好的应急能力使运动员能够迅速适应比赛中出现的各种意外情况，有效避免不利因素的影响。良好的控制能力让运动员能够及时做出恰当的反应和决策，这对于运动员把握比赛节奏、争取主动权以及最终取得优异成绩至关重要。

四、注意力的稳定性与转移能力

在乒乓球竞技中，对特定对象保持持续且稳定的关注，这一能力在专业术语中被称为注意力的稳定性。鉴于乒乓球运动攻防转换的迅捷性，运动员必须具备高度集中的注意力。他们不仅要细致入微地观察对手的动作细节，精准判断来球的速度、方向及旋转特性，还需灵活调配并适时转移自身的注意力焦点。若运动员未能达到这一要求，可能会受到比赛中突发状况、观众情绪起伏以及裁判行为等多种因素的干扰，从而影响其在乒乓球比赛中的表现，最终可能无法取得理想的竞技成绩。

五、思维敏捷性和灵活性

在乒乓球竞技中，运动员展现出的迅速应对问题并灵活调整策略的能力至关重要，这充分反映了其思维的敏锐。鉴于乒乓球比赛过程中攻防转换之迅速，为了取得胜利，选手必须通过细致的观察和深入的分析，精准洞察对手的技战术特点及心理状态。在此基础上，选手应充分发挥自身优势，针对对手的薄弱环节进行精准打击，从而在激烈的对抗中占据有利地位。

需要注意的是，选手需要避免一成不变地依赖过去的策略和打法，应根据对手的战术变化灵活调整自己的应对策略。只有当乒乓球运动员满足了这些要求时，才能在比赛中始终保持主动，从而提高获胜的可能性。

第三节　高水平乒乓球运动员心理素质训练方法

一、集中注意力训练

乒乓球运动员在竞技过程中保持高度集中的注意力至关重要，以下是几种常用的集中注意力的训练方法。

（一）记忆练习

乒乓球运动员通过记忆练习可以显著提升注意力、想象力以及记忆力。以下是具体的练习步骤：

第一，寻找一个安静且光线适中的环境，运动员在这个舒适的环境中平躺下来，为接下来的练习作好身体准备。

第二，为保证身体和心理状态达到最佳状态，应进行一节放松练习，这可以通过深呼吸、肌肉放松等方法来实现。

第三，在身体放松后，运动员应闭上眼睛，在脑海中想象一个黑色屏幕，这个屏幕应该是温暖而柔软的。这个想象的过程有助于引导运动员进入一种更加专注和放松的状态。

第四，运动员应在脑海中想象这个黑色屏幕上出现一个边长约为12英寸的白方块，这个方块距离自己大约1尺远。运动员需要努力稳定这个图像，使其在脑海中保持清晰。

第五，运动员应想象在这个屏幕上出现一个黑色的圆圈，这个圆圈的大小类似于一枚硬币。运动员需要集中注意力在这个黑圆圈上，然后想象整个图像突然消失，随后脑海中闪现出各种图像。在这个过程中，运动员应尽可能保持图像在脑海中停留几秒钟，然后让图像自然消失。这个过程有助于锻炼运动员的想象力和记忆力。

第六，运动员把眼睛闭上，坚持10至15秒钟，尝试回忆刚才遗忘的东西。这个过程有助于检验运动员的记忆效果，并进一步提升其记忆力。

（二）五星练习

使用精确的裁剪工具从黑色硬纸板上剪下一个边长为15英寸的正方形，再剪出一个宽度为8英寸的白色五角星。然后在黑色纸板的正中央位置粘贴上白色五角星贴纸。完成上述步骤后将此纸板稳妥地挂置在墙面上。运动员要坐在距离墙面3英尺的位置并保持身体放松。接下来就可以进行下面的活动或观察。

第一，闭上眼睛，在脑海中构建一个纯黑的画面。

第二，慢慢睁开眼睛，将注意力集中在五角星图案上，持续注视2分钟。

第三，将视线移开，尝试在墙上寻找五角星的虚像。

第四，再次闭上眼睛，在脑海中重现这个虚像。

（三）发令练习

1.轻微口令法

为了保证运动员能够全神贯注地执行命令，教练员有时会采用微弱的声音发令。但为了保证运动员的专注力不被过度消耗，教练员在使用此方法时应该将时间限制在3分钟以内。这样的策略既有助于提升运动员的专注力，又避免了因长时间集中注意力而产生的疲劳。

2.逆反口令法

在训练过程中为了保证运动员的反应速度和准确性，经常会要求他们根据口令的相反意思来执行动作。例如，当发出"立正"的口令时，运动员需要执行"稍息"的动作;当发出"向左转"的口令时,运动员应当执行"向右转"的动作。同样地,如果发出"立停"的口令,运动员应迅速执行"起步走"的动作。通过这种方式能够有效地评估和提升运动员的反应速度与身体协调性。运用逆反口令法时应注意以下几个方面。

第一,乒乓球运动员应先熟练掌握基础的队列和操练技能,之后教练员才能引入更高级的练习方法。

第二,教练员在发出指令时要保证声音既洪亮又清晰,并能适当控制节奏变化。在训练的初级阶段,教练员应先用两个口令来引导运动员完成动作,然后逐步增加口令数量至3到4个,以此循序渐进地提升训练难度和效果。

第三,当运动员在训练中做出错误的动作时,教练员应及时通过面部表情和口头提示来指导运动员进行纠正,帮助他们调整动作至正确的方式。

(四)秒表练习

专注地观察手表的秒针转动,并尝试集中注意力至少1分钟。如果能够始终保持注意力在秒针上,可以逐步将时间延长至2到3分钟。一旦确定了自己能够持续集中注意力的最长时间,就按照这个时间段重复进行练习,每次练习后休息10至15秒。如果练习时间能够稳定达到5分钟,那么就说明注意力集中能力已经非常出色。如果每天能够多次进行此类练习,那么注意力集中能力将会得到显著提升。

二、模拟训练

模拟训练旨在针对比赛中可能遇到的情况或难题,模拟真实环境进行反复演练。

模拟训练涵盖广泛的内容范畴,教练员需紧密结合乒乓球赛事的实际状况以及运动员的个性化特点来选择恰当的训练手段。以下是在模拟训练中常被采用的有效方法。

（一）模拟对手特点

在模拟训练中，应深入剖析国内外众多竞争对手的技战术特点与比赛风格。为确保队员对对手特征有更深刻的了解，制定出切实有效的应对策略，需精心组织队员进行模拟对手各类活动的训练。

（二）模拟观众影响

在赛场上，观众往往会通过高分贝的呼喊和夸张的表情动作来传达他们对比赛的看法和情感倾向。这种热烈的氛围虽然能够激发运动员的斗志，但也可能在一定程度上分散他们的注意力，增加其心理压力。即便是那些经验丰富的运动员在面对观众的热烈反应时也有可能会出现分神或紧张的情况。因此，为了提升运动员在正式比赛中的应激反应能力，模拟训练中引入观众干扰元素显得尤为重要。通过组织观众在模拟训练中吹口哨、鼓掌或支持对手等方式可以有效地模拟实际比赛中的观众干扰，帮助运动员提前适应并克服这些干扰因素，从而在正式比赛中更加从容地应对各种刺激。

（三）模拟不同起点比赛

领先、落后以及关键球相持是乒乓球比赛过程中常见的三种不同情况。以乒乓球模拟比赛训练为例，一种常见的训练方式是从9∶9的比分开始，这样的设置主要是为了培养运动员在关键时刻保持冷静、果断决策并妥善处理战局的能力。这样的训练方式对于提升运动员的竞技水平和心理素质具有重要意义。

（四）模拟裁判错判、误判

在竞技场上，裁判员的错误判断是运动员难以预料的挑战之一。通过在相对可控的环境中模拟这种情况，使运动员专注于他们能够掌控的方面——技术和战术的执行。通过这种方式，运动员能够学会将注意力集中在他们掌控的因素上，而不是那些超出他们控制范围的事情，比如裁判员的决策。

三、放松训练

（一）放松训练的概念

放松训练是一种通过特定暗示语引导运动员集中注意力、调节呼吸并促进肌肉全面放松的训练方式。

（二）放松训练的具体方法

1. 准备动作

想象你正在一个宁静的空间开始进行一次放松身心的练习。首先轻轻地为自己戴上一副用于放松的面罩，它柔软且贴合面部，帮助你隔绝外界的干扰。随着面罩的覆盖，你的双眉开始放松，之前因紧张而出现的皱纹渐渐平复，整个面部的肌肉也随之放松。

将你的注意力转向你的呼吸。先让眼睛自然下垂，轻轻地凝视自己的鼻尖，然后缓缓地闭上双眼。这样做可以帮助你进一步集中精神，减少外界的视觉干扰。接下来放松你的下巴，让它自然下垂，同时微微张开你的嘴唇，让舌尖轻触上齿龈，这样可以帮助进一步放松面部肌肉。现在，开始进行深呼吸练习。每一次呼吸都要缓慢、柔和、放松。当你吸气时，想象气息从鼻孔进入，充满你的腹部，感受到腹部随着气息的吸入而隆起。随后慢慢地呼气，注意呼气的时间要比吸气的时间长一倍。随着练习的进行，每一次呼吸的持续时间都要比上一次更长。开始时，你可以以一拍的节奏进行呼吸，随着练习的深入，逐渐延长呼吸的时间，直到吸气达到六拍，呼气则是吸气时间的两倍，即十二拍。然后开始逐渐减少每次吸气的时间，从六拍吸气、十二拍呼气，逐步减少到五拍吸气、十拍呼气，以此类推，直到你能够做到一拍吸气。整个准备动作应该持续2至3分钟。

2.放松练习方法

（1）热感练习

进行一项旨在增强体内发热感的练习。练习前要进行两分钟的热身活动，随后简短重复沉重感练习，特别关注臂部和腿部的感受，持续45至60秒。之后按照以下步骤进行热感练习。

体验右臂的麻痹与燥热感，重复6至8次。

感受右臂温度的逐渐上升，重复6至8次。

体会右臂的炽热感，重复6至8次。

沉浸于特别平静的状态，保持1次。

按照上述步骤先进行右臂的练习，持续三天，随后转至左臂，同样练习三天。完成后，进入双臂同时练习的阶段，为期三天。之后按相同模式进行右腿、左腿、双腿及四肢的练习，每个部位各练习三天。最终将沉重感练习与此热感练习相结合进行一次完整的练习。

在此过程中要想象手臂正浸泡在热水中，如有需要，可在两次练习之间准备一个热水盆，体验手臂浸入热水的感觉，以加深对热感的体会。需要注意的是，只有当上肢产生沉重感时才可以开始热感练习。练习结束后睁开眼睛，摒弃沉重和燥热感，然后重新开始练习。

（2）心脏练习

在正式运动前务必进行充分的准备活动。为增强肌肉的适应性和降低受伤风险，应重复进行沉重感练习和热感练习。每个短句需念诵3至4遍，同时保持仰面躺姿，以更清晰地感知自己的心跳。通常来说，当身体达到放松状态时，运动员应能明显感受到心跳的节奏。在感受到心跳后要保持静默，并

在心中重复以下句子。

我的胸部感到温暖舒适（重复6至8次）。

我的心跳平缓稳定（重复6至8次）。

我感到非常平静（重复1次）。

为达到最佳效果，应坚持进行此项练习两周，每天进行2至3次，每次持续约10分钟。通过这种练习能够更好地调整自己的呼吸和心率，为接下来的运动作好准备。

（3）呼吸练习

本训练旨在帮助运动员掌握呼吸节奏的控制技巧。

第一步要完成预备动作。

第二步再按照以下步骤重复进行练习。

体会四肢逐渐变得麻痹、沉重和燥热的感觉，重复1至2次。

感受四肢逐渐加重的沉重和燥热感，重复1至2次。

体验四肢极度沉重和燥热的状态，重复1至2次。

保持心跳平稳且稳定，重复1至2次。

刻意调整呼吸，使之变得特别平稳，持续6至8次。

体会内心逐渐达到极度平静的状态，重复1次。

坚持进行此训练，每周进行两次至三次，每次持续约10分钟。当运动员在完成轻度体力活动后仍能保持呼吸平缓而有节奏，即表示已成功掌握呼吸节奏的控制技巧。当本训练阶段告一段落后将"我感到极其平静"替换为"平静渗透了我的身心"，以进一步强化内心平静的感受。

（4）胃部练习

先进行必要的热身活动，随后简单地重复上述三个练习步骤。然后按照以下指示进行练习。

第一，体验胃部柔软和温暖的感觉，重复此过程6至8次。

第二，尝试达到一种极其平静的状态，至少维持1次。在此阶段，请尽量排除杂念，专注于达到内心的平静与宁静。

当能够清晰地感受到胃部温暖的感觉时，说明已经掌握了这一练习技巧。为保证练习效果，应坚持进行此练习，每天2至3次，每次持续7至10分钟。在此过程中务必保持专注和耐心，以获得最佳效果。

四、表象训练

（一）表象训练的概念

表象训练指的是个体在特定暗示语的指导下通过反复在脑海中模拟和构想特定的运动动作或情境，以提升运动技能水平和情绪管理能力的训练方式。

（二）表象训练的具体方法

1. 冰袋练习

冰袋练习的主要目标在于激发乒乓球运动员对身体感知的自觉性和敏锐度。具体来讲，运动员可设想在参加比赛时不幸遭受了严重的脚踝扭伤，伤处灼热，疼痛难忍。随后运动员回到宿舍，用冰袋对受伤部位进行冷敷，顿时感受到一股清凉，疼痛逐渐缓解。随着时间的推移，脚踝逐渐麻木，温度下降，发麻和疼痛的感觉可能会交替出现并逐渐消退。只要保持静止，伤处仿佛失去了感知。当移除冰袋后，伤处可能依然保持无感状态。但不久后，伤处将重新出现先前的轻微痛感。

2. 木块练习

木块练习作为一种高效的训练方法，在提升运动员对物体形象操控与分析能力方面发挥着显著作用。在训练过程中，运动员仅需依赖表象操作来得出答案，无须运用数学方法。例如，乒乓球运动员在训练中，可以设想将一块六面均涂有红色漆的积木式木块作为训练对象。通过此类练习，运动员能够更为精准地掌握物体形象的特性，进而提升运动技能。

练习步骤如下。

设想将木块横向切割，使其成为两部分。思考切割后红色面和木质面各有几个？

将木块纵向切割，使其变为四部分。再次思考切割后红色面和木质面各有几个？

在右侧两块木块的中间进行纵向切割，使其变为六部分。继续思考切割后红色面和木质面各有几个？

在左侧两块木块的中间进行纵向切割，使其变为八部分。继续思考切割后红色面和木质面各有几个？

在上方四块木块的中间进行横向切割，使其变为十二部分。继续思考切割后红色面和木质面各有几个？

在下方四块木块的中间进行横向切割，使其变为十六部分。最终思考切割后红色面和木质面各有几个？

在提出每个问题后，记录从问题提出到正确回答所用的时间（秒），作为训练效果的参考。

3.比率练习

通过比率练习，运动员能够更好地掌握对表象的操控能力。

现在，请将注意力集中在你最好的朋友身上，尝试在脑海中清晰地描绘出他的面孔、身材、衣着、表情以及姿势。然后尝试按照比例将他全身缩小，直至大小变为原来的一半。随后继续缩小他的形象，直至他变得如同一个两岁的小孩，但请保证他的外貌特征仍保持成年人的特点。接着继续缩小他的形象，直至他变得如同一个火柴盒般大小，但在这个过程中一定要保证他的鼻子、眼睛等细节仍然存在。然后将他的形象慢慢放大，直至恢复正常人的大小。继续放大他的形象，直至他变成正常人的两倍大，仿佛一个巨人。最后再次将他的形象慢慢缩小，直至恢复他原来的样子。通过这样的练习将能够更好地掌握对表象的操控能力。

五、暗示训练

（一）暗示训练的概念

暗示训练也被称为"自我暗示训练"，是一种采用言语等手段对运动员心理施加影响，进而实现对其行为进行调控的训练方法。

（二）暗示训练的具体执行

1.暗示训练的实施步骤

第一，引导运动员全面而深刻地认识到语言在其情感调控和行为决策中所扮演的关键角色，以保证他们能够在实践中合理而有效地运用语言。

第二，在运动员的训练过程中识别并明确那些常见的消极心理暗示，如"我无法掌握好这个动作"。

第三，教授运动员如何正确看待和处理这些消极想法，以便他们能够在面对挑战时保持积极的心态。

第四，为运动员提供具有建设性的积极自我提示语，用以替代那些消极的内心独白，如鼓励他们坚信"坚持就是胜利"。

第五，指导运动员不断地重复这些积极的自我提示语，并根据实际情况调整重复的频率，以帮助他们逐渐转变原有的消极态度。例如，当他们感到绝望时可以提醒自己"还有机会，继续拼搏"。

第六，通过持续的重复练习和定期的自我评价培养运动员在面对困难和挑战时保持积极态度和坚定意志的能力。

2.运动员填写卡片的要点

乒乓球教练可指导运动员在卡片上依次标明（1）（2）（3）（4）四个序号，每张卡片应集中关注一个特定问题，用以记录运动员所经历的各类消极情绪。卡片的正面应当翔实记载各类消极情绪的具体表现，而背面则负责对相应情绪进行深入的剖析与解读。此外，在卡片的下方，应附上富有针对性的积极鼓励语，以激发运动员的积极心态与斗志。

运动员在填写卡片时应遵循以下几项原则。

第一，对于测验和比赛中的鼓励语，应更加注重过程性提示（如加快动作速度、改变发球落点等），而非过度强调结果性提示（如必胜信念、获胜等）。

第二，暗示训练中的第三步至关重要，因为它象征着运动员整体思维方式和行为习惯的基石，填写时需格外谨慎。

第三，鼓励语应具备针对性，如"保持冷静，冷静是发挥正常水平的基石"或"保持耐心，紧追不舍"，这些具体、明确的提示往往能取得更好的效果。相比之下，"遇困难—解困难""遇逆境—求摆脱"等泛泛而谈的提示语，其效果并不显著。

第四，鼓励语应以积极词汇为主。

第五，运动员在面对问题产生消极情绪时应及时调整并克服这种心理状态。如果没有出现消极情绪也应避免无谓的心理负担。

第四节 高水平乒乓球运动员比赛心理状态与调节

乒乓球运动员在比赛时经常会表现出心理紧张、心理胆怯、情绪激动、情绪消极、盲目自信、心理焦虑等各种不良状态，对于这些状态应采取积极的调节措施。

一、心理紧张状态及其调节

乒乓球运动员在职业生涯中可能会遇到多种压力，这些压力源包括过度的训练负荷影响身体恢复、对对手的畏惧、睡眠问题、不切实际的期望、巨大的心理负担，以及连续的失败经历。为了应对这些心理挑战，可以采用以下心理调节技巧。

阻断思维法：当运动员发现自己被消极情绪所困扰，导致心理紧张时，可以通过出声喊叫或命令自己"停止"来中断这种消极的思维模式，让积极的思维占据主导。教练可以辅助这一过程，通过提供一个清晰且响亮的信号来帮助运动员阻断消极思绪。此外，教练还可以引导运动员参与某项积极且具有建设性的活动，以转移其注意力，减少消极思维的影响。

排尿调节法：紧张情绪可能会导致人在生理上出现频繁需要排尿的现象。这种现象的发生是因为紧张情绪减弱了大脑皮层的抑制作用，导致兴奋性增强，进而影响了大脑皮层中枢和自主神经系统的正常功能。运动员通过及时排尿，不仅能够减轻身体的不适，还能在一定程度上缓解心理和肌肉的紧张状态，从而获得一种心理上的舒缓感。

二、心理胆怯状态及其调节

乒乓球运动员在比赛中出现心理胆怯的现象，其常见原因主要包括以下几方面。

第一，运动员自信心不足，缺乏必胜的信念。

第二，运动员过于看重比赛结果，导致心理压力过大，进而影响其心理状态。

第三，当面对知名度较高的对手时，运动员可能产生胆怯和畏惧情绪。

第四，随着比赛级别的提升，运动员所承受的心理压力也相应地增加，进而提高了他们产生胆怯情绪的可能性。

第五，运动员在面对比赛环境和观众氛围时，往往难以适应其带来的特殊刺激，这也是导致他们产生心理胆怯的一个重要因素。

为了帮助乒乓球运动员有效克服胆怯心理，必须精准识别其成因，并根据不同情况采取有针对性的措施。作为乒乓球教练员，应当深入分析运动员产生胆怯的具体原因，据此制定和调整相应的策略，以更好地缓解或消除运动员的胆怯心理，进而提升他们在比赛中的表现。

三、情绪激动状态及其调节

在比赛开始前,一些运动员可能会有强烈的情绪反应,表现为心跳加速、呼吸急促、焦虑不安以及肌肉震颤等身体症状。这些反应使运动员难以集中注意力,导致他们的行为控制能力下降,出现知觉和表现的不连贯,注意力涣散,记忆力下降,以及遗忘与比赛相关的关键时刻。

为了帮助乒乓球运动员克服情绪激动,教练员可以采取以下措施。

提升训练水平:运动员的激动情绪往往与他们的训练水平和比赛经验有关。因此,提高运动员的训练质量和增加他们的比赛经验是缓解这一问题的有效途径,特别是对于那些首次参加重要比赛的年轻运动员。

个性化训练:考虑到运动员的个性特点,一些运动员可能天生更容易激动。在训练中,应特别注重培养这些运动员的自我调节能力,帮助他们学会控制和管理自己的情绪。

动机激发:教练员应致力于激发运动员的内在动机,帮助他们更好地应对比赛带来的压力,维持情绪的稳定性。涉及目标设定、正面激励和心理准备等策略。

四、情绪消极状态及其调节

情绪消极是运动员在激烈竞技环境中因承受过大心理压力而产生的一种特定心理体验。当消极情绪显现时,其外在表征往往表现为过度紧张、心生畏惧、内心不宁,乃至情绪失控等。为有效应对运动员情绪消极问题,通常采用以下策略:激励法,通过正面激励来激发运动员积极情绪;转移法,引导运动员将注意力从消极情绪中转移出去,避免情绪进一步恶化;升华法,将负面情绪转化为积极动力,推动运动员超越自我;暗示法,运用自我暗示或他人暗示手段调整运动员心理状态;体验法,通过实践体验提升运动员自我认知及情绪管理能力。这些策略均有助于运动员在比赛中维持稳定的心理状态，更好地应对各类挑战。

五、盲目自信状态及其调节

运动员若过于高估自身能力，盲目自信，将对其自我定位产生不良影响。乒乓球教练员应针对此现象从以下三个方面着手进行调控。

第一，教练应引导运动员以正确的态度对待每一场比赛，无论胜败均保持冷静与谦逊。

第二，教练员应教授运动员辩证唯物主义方法论，使其能更科学、全面地应对各种挑战。

第三，在比赛开始前，教练员应与运动员共同分析对手实力，预估可能遇到的困难，以保证运动员保持最佳竞技状态。

通过这些措施，教练员可以有效调整运动员的心理状态，避免盲目自信对其表现产生不利影响。

六、心理焦虑状态及其调节

心理焦虑是乒乓球运动员在比赛前经常出现的一种心理问题，为了有效调控心理焦虑，应采取以下措施。

第一，需引导运动员将关注点更多地投放于比赛过程中，而非过度纠结于比赛结果的得失，以此方式减轻其心理压力，助其更加从容地应对比赛。

第二，应鼓励运动员积极运用心理想象技巧，通过想象自己在比赛中的优秀表现来激发自信，同时辅以放松训练方法，如深呼吸、肌肉松弛等，以消解焦虑情绪，提升心理稳定性。

第三，在比赛前进行模拟演练，使运动员的思想更加集中于比赛本身，增强应对能力。

第六章

高校高水平乒乓球队的技能训练

乒乓球被誉为我国的"国球",在我国拥有深厚的文化底蕴和广泛的群众基础。在高校体育教育中,乒乓球作为一项传统优势项目,不仅有助于提升学生的身体素质,更能培养学生的意志品质和团队协作精神。随着高校体育竞技水平的不断提升,高水平乒乓球队的训练日益受到重视。

第一节　高水平乒乓球运动员技术训练方法

本节主要对高校乒乓球运动员基本技术训练方法进行简要阐述。

一、握拍技术

(一)握拍技术分析

在现代乒乓球比赛中,主要有两种握拍方式:直拍和横拍。这两种方式各具特色，适用于不同技术特点和打法的选手。亚洲选手更多地采用直拍握法，欧洲选手则更偏爱横拍握法。随着乒乓球运动的不断演进，对技术的全面性的要求越来越高，因此，当前两种拍握法运动员都应该掌握。

1.直拍握法

直拍握法以其出手迅捷、攻球刚猛而著称，其拍面变动相对较小，使对手难以捉摸其真实意图。具体而言，直拍握法主要包括以下几种方法。

（1）直拍快攻型握拍法

在握持球拍时，应使拇指的第一指节与食指的第二指节协同作用，共同夹住球拍，使拍柄部分紧密贴合于虎口处。拇指与食指之间的距离需调整至适中状态，既不宜过紧导致手部不适，也不宜过松影响控制力。此外，其余三指应维持自然弯曲的形态，放置于球拍背面，其中中指的第一指节应准确顶住球拍的后上部，以增加握拍的稳定性和舒适度。

（2）直拍弧圈球型握拍法

将拇指紧密贴合在球拍握柄的左侧，用食指轻轻环绕扣住握柄，形成一个稳固的小环状握持。与此同时要保证其他三根手指自然伸直，特别是中指的第一节应稳稳地抵住球拍背面的大约三分之一位置。这种握拍方式有助于更稳定、准确地控制球拍。

（3）直拍横打握拍法

在握拍过程中拇指应以斜向的方式轻轻按压拍面，使拍柄的左侧与虎口紧密贴合。食指应保持伸直状态，轻柔地放置在拍沿的右侧。其余三指则应自然舒展，中指和无名指的指尖需紧密贴合板面，以此夹紧球板。通过这样的握拍方式能够形成有效的合力，提升击球的准确性和稳定性。

2.横拍握法

横拍握拍方式因其在正反手转换中的流畅性和显著的攻击力而备受赞誉，从人体生理学的视角审视，该握拍方式并无显著不足之处。同时，在攻削球过程中，横拍握拍方式所需握法变化较小，且在反手攻球时更易发挥力量，因而成为欧洲弧圈球打法中首选的握拍方式。然而，横拍握拍亦存在其固有的局限性。在正反手交替击球的过程中需要调整拍面和控制拍形，可能导致较大的动作幅度，增加了被对手识破的风险，从而可能使运动员处于不利的竞技位置。

在运用横拍握拍技巧时应确保中指、无名指及小指呈自然弯曲状态，紧密握住拍柄，而食指则需自然伸展，并轻斜倚靠于拍背上。拇指应轻轻置于球拍正面，与中指保持相邻，以维持握拍的稳定性与灵活性。当采取深握时，虎口（拇指与食指之间的部分）应紧贴球拍，而浅握时虎口则轻微接触球拍。

（二）握拍技术练习方法

第一，通过徒手模仿练习对自己的握拍姿势和用力分配进行细致检查，以保证技术动作的正确性。

第二，两人一组进行配对练习，相互观察并指出对方技术动作中的不足，共同提高技术水平。

第三，为了更深入地了解并掌握乒乓球握拍技术，可以观看优秀乒乓球运动员的握拍技术录像，从中汲取经验和灵感，提升自己的技术水平。

二、基本步法

（一）基本步法分析

现代乒乓球技术理论强调步法是乒乓球运动的基石。步法即科学合理的移动方式，是击球过程中不可或缺的一环，对于技术动作的连贯性和流畅性起着至关重要的作用。同时，步法也是执行各种战术策略的重要保障。虽然传统乒乓球技术理论认为手臂是技术的核心，但现代理念认为，只有步法到位，运动员才能以舒适的体位发挥手臂技术的威力。因此，步法在现代乒乓球运动中占据着至关重要的地位。

乒乓球的基本步法主要有以下几种。

1.单步

单步动作具有简洁性,移动幅度相对有限,在处理近网短球、推挡球、侧身攻球以及球路位于中路稍偏左等情境中应用广泛。在执行该动作时,需一只脚稳定作为中心轴,另一只脚则灵活地向不同方向移动,同时身体重心需随之转移至移动脚上。

2.并步

并步作为一种步法方式,其移动的范围介于单步与跳步之间。在移动过程中,运动员的身体并不会腾空,运动员需先将一只脚向另一只脚靠拢半步或一小步,随后在并步脚接触地面的瞬间,另一只脚立即朝着来球的方向迈进一步。这样的步法调整要求运动员具备精准的预判能力和灵活的身体协调能力,以保证在接球时能够保持最佳的身体姿态和位置。

3.跳步

跳步的移动范围和速度在步法类型中均占有显著优势。当准确判断来球的方向后应迅速且有力地蹬踏地面,使双脚离地,迅速向来球的方向跳跃。这种技巧的运用能够有效地提升移动效率和覆盖更大的防守范围。

4.交叉步

交叉步是一种应用广泛的步法,其特点是移动范围大,步幅明显。在进行交叉步时,运动员通常会选择靠近来球一侧的脚作为支撑点,确保该脚的脚尖朝向预定的移动方向。同时,另一只脚——即远离来球的脚——会在身体前方交叉,并大幅度地向前迈出,带动身体转向来球的方向。完成这一步后,原先作为支撑的脚也会跟随迈出,继续向前,以完成整个交叉步的动作。至于后交叉步,则是在身体的后方执行交叉动作,与前交叉步的方向相反。

5.跨步

跨步是一种步幅和移动范围较大的动作,它主要用于应对远离身体且力量较大的来球。在执行跨步时,运动员首先用一只脚强力蹬地以产生动力,与此同时,另一只脚则向移动的方向迈出一大步。为了保持身体的平衡和稳定性，原先蹬地的脚会紧接着跟上迈出半步或一小步，完成整个跨步动作。

6.侧身步

侧身步是乒乓球运动中用于接近身体或反手区域来球的一种步法。运动员在执行侧身步时需转向球的方向，并使用正手进行击球。依据来球与身体的距离，运动员可以采取不同的侧身步法，包括以下几方面。

单步侧身：适用于来球距离身体较近的情况，通过简单的一步调整身体位置。

并步侧身：当来球稍远但仍在可控范围内时，运动员可以通过并步快速靠近球。

跨步侧身：对于更远距离的来球，运动员需要使用更大的步法，跨步侧身以迅速到达球的位置。

交叉步侧身：在需要快速改变方向或覆盖更广区域时，交叉步侧身具有更好的灵活性和控制力。

通过这些不同的侧身步法，运动员能够更有效地应对各种来球，提高比赛的竞技水平。

7.小碎步

小碎步是一种以高频小跑步为基础的移动步法，它包括向前、后、左、右等各个方向的快速调整。这种步法是之前讨论的多种步法的集大成者，它允许运动员快速地改变身体的重心、调整击球位置、控制击球时机以及调节击球的力量。

小碎步的显著优势在于其快速的启动能力、强大的爆发力和精准的击球能力。与其他步法相比，小碎步能够覆盖更大的移动范围，这使它能够适应攻防之间的快速转换，可以灵活地融入各种战术和打法中。这种步法对于乒乓球运动员来说尤为重要。

（二）基本步法练习方法

第一，针对单一的步法或步法的组合进行专门的模仿训练。比如，可以模仿乒乓球运动中的挥拍跳步，或者将并步和侧身步结合起来进行练习，还可以尝试侧身步与交叉步的连贯动作。

第二，通过细致观察手势的指示，训练迅速调整移动方向的能力，包括向前、向后、向左和向右的快速移动。

第三，按照预设的步法次数或组数进行训练，也可以设定一个时间，尽可能在这个时间内完成规定的步法练习。

第四，结合步法的移动与手臂的摆动进行训练。例如，站在乒乓球台的一端，根据指令采用并步、交叉步、小跑步等不同的步法移动，同时使用一只手或两只手去触摸乒乓球台的两侧边缘。

第五，为了提升腿部的力量，可以引入一些专门的练习，如蛙跳、蹬跨、单足起跳以及杠铃深蹲等，这些练习都能有效地增强腿部爆发力。

第六，观看优秀乒乓球运动员的比赛录像也是一个非常重要的学习方法。可以从他们的比赛中学习移动时重心的转移技巧，以及步法之间的流畅衔接。

三、准备姿势

（一）准备姿势分析

在体育运动中，准备姿势是技术动作实施的起点。它对于运动员后续的动作执行起着至关重要的作用。乒乓球运动快速多变的特性对运动员的反应速度提出了较高的要求。一个正确的基本姿势能使运动员在击球时迅速移动、精准选择击球位置以及有效地完成击球动作。

在乒乓球运动中，准备姿势并非固定不变，而是根据运动员的个体差异、身体条件和技术特点来灵活调整。有时，准备姿势的差异甚至与运动员的个人习惯密切相关。尽管准备姿势具有多样性，但所有有效的姿势都应涵盖以下几个方面。

1.上肢

在乒乓球运动中保持正确的身体姿势和手臂位置至关重要。首先,两肩应保持基本水平,处于自然放松的状态,避免耸肩。在未进行击球动作时,肩部不应刻意下沉。同时,下颌应轻微后收,双眼需专注于来球,以便准确判断球的方向和速度。持拍手臂应保持自然弯曲,放置在身体的右侧,大臂与躯干的夹角大约为60°,而上臂与前臂的夹角则接近90°,这样的角度有利于灵活转动球拍和调整击球力度。手腕应处于放松状态,但不应无力下垂导致"吊腕",这会影响手腕的灵活性和击球时的力量传递。球拍应持于腹部前方偏右侧,距离身体30~35厘米,这样的位置便于快速挥拍和准确击球。对于经常进行侧身抢攻的练习者,持拍手的位置应更加偏向正手位,以适应侧身击球的需要。此外,球拍应与台面齐平,以确保击球的准确性和稳定性。非持拍手则自然放置于腹部前方,与持拍手的高度基本相同,以保持身体的平衡。

2.躯干

在站立姿势中应保持身体适度前倾的姿态,腹部应适当收紧以维持身体稳定性,胸部则需微含以保持平衡。在调整站姿时,应避免身体过于挺直而导致重心过高,这可能会降低动作的灵活性。还要防止腹部过度突出和全身呈现松散的状态,以避免影响击球的精准度和效果。通过正确的站姿调整,可以提高动作的稳定性和击球的准确性,从而更好地发挥运动能力。

3.下肢

两脚分立,保持适当的间距,身体重心置于两脚之间、稍偏向于前方的腿部,两脚的脚掌内侧接触地面,脚跟微抬,以利于迅速启动。

(二)准备姿势练习方法

第一,为了建立准确且规范的准备姿势概念,应当观摩杰出乒乓球运动员的录像资料,细心揣摩其准备姿势的细微之处与技巧要领。

第二,通过模仿练习的方式,系统学习并掌握正确的移动方法。在徒手模仿的过程中,从准备姿势开始,向各个方向进行移动练习,特别注重在移动过程中保持身体重心的稳定与平衡。

第三,为了进一步深化对正确准备姿势的理解与掌握,应进行规定板数的推、攻、搓技术练习。通过反复的实践与磨炼,逐步巩固对正确准备姿势的把握,进而提升整体技术水平。

四、发球技术

(一)发球技术分析

乒乓球比赛的每个回合都是从发球开始的。发球是比赛中唯一一个完全由发球方控制的技术环节,不受对手的直接影响。因此,掌握精湛的发球技巧对于选手在比赛中取得优势至关重要。在发球时,球员可以根据自己的战术安排和比赛的具体情况,选择适当的站位,在规则允许的范围内发出力量、速度、旋转、方向和落点各异的球。这样的发球策略能够有效地限制对手的攻势,为自己创造更多的得分机会。根据当前乒乓球技术的发展趋势,发球技巧主要可以分为以下几种类型。

1.发平击球
(1)正手发平击球

以左脚在前的近台站位为例,进行乒乓球发球时,首先需要让身体轻微地向右转动,确保重心略微偏向右脚,以增加发球的稳定性和力量。此时,左手掌心托住球,将其放置在身体前方并偏向右侧的位置,而右手则持拍置于身体的右侧,准备进行发球。当准备发球时,左手轻轻地将球向上抛起,同时右臂稍向后拉,为接下来的挥拍击球作好准备。当球开始下落,到达合适的高度时,持拍的手迅速从身体的右后方挥向前方击球。在击球过程中,当球接近网高时,应调整拍面使其略微前倾,以更好地击中球的中上部。这样的击球方式能够确保球具有足够的过网高度和速度。击球完成后,前臂和手腕应顺势向前挥动，帮助球获得更远的飞行距离。同时，身体的重心也会随着挥拍动作而转移到前面的脚上，以保持身体的平衡和稳定性。

（2）反手发平击球

以右脚在前、靠近台面中线并稍微偏左的站姿为例，运动员需微调身体姿态，轻微向左转动，以更好地准备发球。左手掌心托住球，放置在身体前方并偏向左侧，右手持拍置于身体前方，准备进行挥拍。接着，左手将球轻轻抛起，为接下来的击球动作创造合适的高度和时机。与此同时，右臂开始外旋，并向身体的左侧后方引拍，为击球积蓄力量。当球开始下落，接近球网高度时，持拍手迅速从身体的左侧后方向右前方挥拍，拍面略微前倾，形成半横状，以更好地控制球的轨迹和力量。击球时应准确地击球的中上部，并向右前方发力，使球以适当的速度和弧线飞行。击球后，手臂应顺势向前挥动，帮助球获得更远的飞行距离。同时，身体迅速复位，保持平衡和稳定，重心转移到前面的右脚上，为接下来的动作或回球作好准备。

2.发奔球

（1）正手发奔球

正手发奔球时采用左脚前置、贴近球台的站位方式。左手掌心朝上，稳稳托住球，并置于身体前方，微微偏向右侧。随后，身体应适度向右转动，同时将球轻轻抛起。在此过程中持拍手臂需自然地向右后方引拍，前臂保持松弛状态，以便球拍随球的下落而逐渐降低高度。当球下落至与球网高度相近时，手臂应迅速向左前方挥动，同时以拇指轻压球拍，使拍面略向左倾斜。在球拍接触球的瞬间需通过手腕的迅速向左上方抖动，使球拍从球的右侧中上部摩擦而过。击球动作完成后，前臂和手腕应顺势继续向前挥动，以圆满完成整个击球过程。

（2）反手发奔球

在进行击球时，应以右脚在前为基准站位，并微微向左转动身体，左手掌心需托住球，将其置于身体前方偏左的适当位置，而持拍手则置于体前，为击球动作做好准备。在抛球的同时，持拍手需向左后方引拍，同时确保拍形微向前倾，以便更好地控制球的轨迹和落点。当球下降至与球网大致相同的高度时，应利用前臂和手腕的协同力量，精准击打球的左侧中上部，以产生理想的旋转和速度。在击球过程中，前臂需加速向右前上方摆动，同时手腕需进行快速地抖动，以便使拍面与球之间产生充分的摩擦，增加球的旋转。击球的第一落点应尽量靠近本台端线，以确保球能够深入对方场地，降低对方回击的难度。击球完成后，前臂和手腕应顺势继续向前挥动，保持动作的连贯性和流畅性，为下一轮的击球作好充分的准备。

3.发转与不转球

（1）正手发转与不转球

以右手持拍、站位偏左半台为例，球员在左脚前置、右脚侧后站立的情形下开始着手发球准备。在抛球瞬间，右手自然地向后上方引拍，形成蓄势待发的态势。此时，拍面需保持后仰状态，以利于对球的旋转与弧线进行精准控制。同时，手腕需适当外展，手臂保持松弛，避免过度僵硬。随着抛球上升之势，球员腰部自然右转。待球下降至网高时，右手持拍须迅速而有力地向前或向下挥动，依据具体战术意图，发出不同旋转与速度的球。发球完成后，球员应立即将球拍迅速复位至准备姿势，维持身体平衡与稳定，以备随时应对对手的回击。

（2）反手发转与不转球

在发球过程中，起始时应右脚在前、左脚在后，形成稳定的站立姿势。紧接着，在将球向上抛起的同时，持拍手需同步向左后上方进行引拍，同时整个身体亦需配合地向左方向转动。在此过程中，球拍应保持适度的稍后仰角度，随着球的下落，手臂需迅速从左上方向右下方挥动球拍，以迎击球体。在球拍触及球的瞬间，需集中力量加大前臂、手腕及手指的爆发力，通过增强球与拍面之间的摩擦力量来增加球的旋转度和速度。发球完成后，应迅速调整身体姿势，恢复准备状态，以便随时应对下一次的击球，确保击球的连续性和稳定性。

4.发侧旋球

（1）正手发左侧上（下）旋球

以正手发左侧上旋球为例，站立时，左脚应置于前方，在抛球的同时，持拍手需向右上方引拍，手腕保持轻微外展，以便更好地控制球拍角度和力度。当球开始下落至合适位置时，右手应迅速向左下方挥动，同时食指轻压拍面，使拍面略向左偏斜，以产生所需的旋转效果。

在击球瞬间需确保拍面与球网高度相近，以保证击球点的准确性。在此过程中，前臂和手腕需协同发力，向左挥动，同时前臂略外旋，以增加球拍的旋转速度和力度。球拍触球的瞬间，前臂外旋动作应更为明显，以确保球的第一落点靠近端线，从而增加球的攻击性和威胁性。

值得注意的是，发左侧上旋球与发左侧下旋球在手臂动作上存在明显的差异。在发左侧下旋球时，手臂应从右后方开始，向前下方挥动，并保证球拍从球的中下部向左侧下方摩擦，以产生不同的旋转方向和效果。这一细微差别对于控制球的旋转和轨迹至关重要，需在实际操作中加以区分和注意。

（2）反手发右侧上（下）旋球

在发反手右侧上旋球时，运动员应采取右脚在前的站位，持拍手自然置于身前，而持球手则位于身体的左侧，为发球作好准备。当准备发球时，关键在于球拍与球接触的瞬间，前臂需要迅速带动手腕向右下方施加力量。前臂要轻微地向内旋转，拇指轻轻压住球拍，使拍面在接触球的过程中逐步向左倾斜。这样的动作将使球拍从球的正中部向右上方摩擦，从而赋予球一个右侧上旋的旋转。这种旋转将使球的第一落点靠近端线，增加对手接球的难度。与反手发右侧下旋球相比，发右侧上旋球的关键在于触球瞬间拍面的略微后仰以及球拍从球的中下部向右侧下方摩擦的不同技巧。通过调整拍面的角度和摩擦的方式，运动员可以有效地控制球的旋转和轨迹，从而为自己在比赛中创造优势。

5.高抛发球

（1）正手高抛发球

在执行正手高抛发球技术时，抛球的稳定性至关重要。发球时，需注意以下关键要点。

第一，肘部紧贴身体左侧，以此形成接近垂直的抛球角度，从而使球体能够在身体右侧前方稳定且平滑地下落。

第二，需精准控制持拍手的挥动时机与轨迹，拍手能够自右上方向左下方流畅挥动，与球体的下落轨迹保持协调一致。

第三，击球点的选择亦需审慎，应避免击球点距离身体过远，理想的击球位置应位于身体右侧前方大约15厘米处。

针对不同类型的正手高抛发球，还需特别注意以下技巧。

第一，在发直线球时需精确控制球拍击球的高度、用力方向、拍面角度以及球的第一落点，以实现对球体长短与准确性的有效掌控。

第二，为产生上旋效果，应运用球拍自球体右侧中下部向左侧上部摩擦的技巧，从而为球体施加必要的旋转力量。

第三，如果需要发出具有下旋特性的球，则球拍应从球体右侧中下部向左侧下部摩擦，确保球体在飞行过程中获得适宜的下旋效果，进而影响球体的弹跳。

（2）反手高抛发球

在乒乓球的发球技巧中，运动员应采取一种稳定的站姿，即右脚前置而左脚稍后，以保持身体平衡。在发球时，持拍的手臂要协调用力，当球下落到合适的高度时，手臂应向左侧上方挥动，与此同时，身体应轻微向左侧转动，从而为击球创造出更大的空间。针对反手高抛发球的不同种类，以下是一些关键点。

第一，发右侧上旋球时，应在球下降至头部高度左右时，用持拍手从左上方开始，经过身体前方，向右侧下方挥动球拍。在接触球的过程中，球拍要击打球的左中下部，向右上方施加摩擦力，以产生上旋效果。在击球的一刹那，手腕需快速从左至右翻转，以增加球的旋转力度。

第二，发右侧下旋球时，持拍手要从身体的左后方向前下方挥动。球拍应在击球时从球的左侧中下部开始，向右侧下部施加摩擦力。在击球瞬间，手腕要迅速地从左至右颤动，以增强球的下旋特性。

（二）发球技术练习方法

第一，通过观看顶级乒乓球选手的比赛录像，深入理解他们发球的关键技术要领。

第二，在没有球的情况下反复练习抛球和发球前的准备动作，以巩固基础技能。

第三，站在乒乓球台的前端进行连续的多球发球训练，以提高发球的连贯性和精准度。

第四，确定特定的发球手法，并通过改变球的旋转和落点，增加发球的变化。

第五，在固定距离，比如离墙2米处，对墙进行不同发球方式的反复练习，以增加发球的稳定性和多样性。

第六，先从斜线发球开始，然后过渡到直线发球；在初期进行不定点发球练习，随后逐渐过渡到精准的定点发球。

第七，在训练中不断尝试和实践各种旋转类型和强度的发球，目标是能够根据比赛需要发出不同旋转方向和强度的球。

五、接发球技术

（一）接发球技术分析

在乒乓球竞赛中，接发球技术扮演着至关重要的角色，它能够将原本被动的局面转化为主动优势。接发球者的目标在于有效应对并化解对手的发球策略，从而削弱对方的技术优势，为自身创造更有利的比赛条件。接发球技术的掌握程度直接决定了选手在比赛中能否获得主导权，进而影响整个比赛的走向。一旦接发球技术存在不足，不仅会增加对手发起进攻的机会，还可能因技术上的缺陷导致选手心理上产生紧张情绪，进一步引发技术失误，从而影响比赛成绩。因此，对于乒乓球选手而言，不断提升接发球技术水平，确保在比赛中能够熟练应对各种发球策略是占据比赛优势、争取胜利的关键所在。为帮助选手提升接发球技术水平，需做到以下几点。

第一，在判定旋转特性的过程中如遇不确定性，可灵活运用轻托或撇球的手法，并注重控制球的弧线轨迹与落点位置。

第二，针对上旋球，特别是速度较快的奔球，采用正反手攻球或推挡技术进行反击。在击球时，拍面应保持适度前倾的角度，使击球点位于球的中上部。

第三，对于下旋长球应运用搓球、削球或提拉球技术进行应对。在搓削过程中，应更加注重向前施加力量，以确保球的回击效果。

第四，针对左侧上旋或下旋球，应当结合攻球和推挡或搓球、拉球等技术进行应对。在此过程中，拍面应适当进行前倾或后仰的调整，并向左偏斜，以使击球点偏向球的右中上部或右中下部，从而有效抵消球的旋转效应。

第五，在应对右侧上旋或下旋球时，同样可以采用攻球、推挡或搓球、拉球等技术。此时，拍面应适当前倾或后仰，并向右偏斜，击球点应偏向球的左中上部或左中下部。在这一过程中应注意与接左侧旋球时的相关事项保持一致性。

第六，针对近网球的处理，应优先采用快搓、快点或台内突击等技术。这些技术主要依赖于手腕和前臂的快速力量，以迅速反应并精准击球。

（二）接发球技术练习方法

第一，集中精力练习并至少精通一种基本技术，比如推挡、削球或搓球，以便稳定地应对对手的单一发球策略。

第二，通过不断练习，增强对接对方使用相似动作但具有不同旋转的球的适应能力。

第三，特别训练接平击发球的技巧，以保证在任何情况下都能准确反应。

第四，使用多种技术方法来应对对手发出的旋转球，以提升对不同旋转特性球的应对技巧。

第五，两人一组进行发球和接发球配合练习，提高在对手强烈攻击下的防守技巧。

第六，在接发球训练中，从固定位置和固定旋转的练习逐步过渡到不固定位置和不固定旋转的练习，以此来增强对接球旋转和落点的判断能力。

六、攻球技术

（一）攻球技术分析

1. 正手攻球

（1）正手快攻

在采用右手持拍的方式比赛时，选手应与球台保持大约40厘米的距离，左脚轻微置于前方，身体重心稳固地置于右脚上。在击球动作启动前，选手应适当将球拍引向右侧，上体与手臂之间的夹角在30°至40°的合理范围内。前臂应保持自然的弯曲状态，上臂与前臂之间的夹角需控制在110°至120°，球拍应呈半横状。

当球从台面弹起时，选手应协调前臂与手腕的动作，向前上方挥动，并融入内旋转腕的技巧，拍面适度前倾，以便在球的上升期精准击中球的中上部。在拍面与球接触的瞬间，前臂应迅速施加力量进行收缩，同时提升手腕内旋的速度，通过拇指施加适度的压力，使拍面沿着球体表面呈现出流畅的弧形挥动轨迹。

对于采用直握拍法的选手而言，拇指应适度施压以调控拍形，而中指和无名指则扮演着协助发力及确定发力方向的重要角色。对于横握拍选手而言，则需依赖食指的精细调节来控制球的飞行弧线。击球动作完成后，挥拍应达到头部高度，随后选手应迅速调整身体重心，恢复准备姿势。

（2）正手快拉

在乒乓球比赛中，击球者的站位和击球动作对于有效回球至关重要。以下是击球时的一系列步骤。

击球者站立时左脚稍微前置，与球台保持大约60厘米的距离。在准备击球时，持拍手臂自然向后下方牵引，球拍半横状自然下垂，拍面略微向上仰，作好迎接来球的准备。当球开始从最高点下落时，上臂迅速从后向前上方挥动，同时带动前臂和手腕协调动作。在球即将接触球拍之际，前臂加速并用力向左上方提拉，手腕灵活调节，确保在球的下降期准确击中球的中部或中下部，同时向上摩擦球。这时，球拍的拍面应接近垂直。如果来球较低或带有较强的下旋，腰部应协同上体向上用力，以增加击球的力量和稳定性。击球后，继续随势挥拍至额前，迅速将身体重心转移到左脚，为下一次击球作好准备。击球动作完成后，立即恢复准备姿势，保持身体平衡，准备迎接对手的来球。

（3）正手快带

左脚微向前迈出，身体重心稳固地置于右脚上，身体略偏向右侧以保持平衡。在击球之前，需对上臂与身体的间距进行适当调整，确保前臂与手腕保持自然弯曲状态。同时需保持拍面微倾，稳定手腕，确保球拍位置始终高于击球点，以便更好地掌控击球角度和力度。

在击球过程中，应力求动作精准且幅度控制得当，避免过度摆动导致失误。腰部和髋部需协同转动，以带动上体向左旋转，保证击球动作流畅且有力。击球时机应选择在球的上升期，击打球的中上部，以获取更好的回球效果。

主要依靠前臂迎击来球，巧妙利用球的前进力将其带出，以实现快带动作。在快带过程中，需合理调控球速及落点变化，根据比赛形势和对手反应进行灵活调整，有助于实现从被动状态向主动的转变，提升比赛中的竞争力。

（4）正手突击

来球的高低以及下旋力量的强弱，对于拍形的调整以及用力方向的选择具有直接且决定性的影响。在面对强烈的下旋球时，应采取适当后仰的拍形，并将触球位置选定在球的中下部，同时在触球瞬间加大向上的摩擦力度，以确保球能够顺利过网并具备足够的弧线。若来球的下旋程度相对较轻，则可将拍形调整至与台面保持垂直，触球位置选在球的中部，发力方向则应以向前上方为主，以此提高球的飞行速度。若来球无旋转，拍形应适当前倾，击球点选择在球的中部偏上位置，发力应以向前为主。在整个突击动作的执行过程中，应使腿部、腰部、髋部以及上臂协调发力，并以前臂为主要力量配合完成动作，以达到最佳的击球效果。

（5）正手扣杀

在横板击球的过程中执行扣杀球动作时，击球者通常倾向于选择近台站位，站位主要集中于球台中间或略偏左侧。在站姿方面，要求左脚略微前置，两脚间距适度加大，以维持身体重心的稳定，主要承重点落在右脚上。同时，两膝应保持微屈状态，腹部内收，胸部内含，腰部、髋部及上体需轻微向右侧转动。右臂应维持自然弯曲的体态，前臂需向后拉至身体右侧稍偏后方的位置，以适度增加引拍的距离，确保前臂完成内旋动作。在此过程中，球拍应维持稍向前倾斜的姿态。

在球体自台面反弹之际，应通过腰部与髋部的协调转动，引领整个身体及上臂完成向左的旋转动作。在此过程中，上臂应发挥主导作用，积极施加力量，驱动前臂及手腕向左前方实施挥拍动作，确保以精准的拍形击打球体的中上部，从而实现强劲有力的扣杀效果。击球瞬间，上臂与前臂需紧密配合，协同发力，同时腰部与髋部也应积极配合，共同为击球动作提供充足的力量支持。

击球动作完成后，手和臂部应自然顺应惯性向左前方挥动，迅速恢复到准备姿势，以便随时应对下一次击球。在整个扣杀球的过程中，应始终保持动作的连贯性与稳定性。

2.反手攻球

（1）反手快攻

击球者应将右脚置于略微靠前的位置，使身体与球台之间保持约40厘米的适宜距离。持拍手臂需维持自然弯曲的状态，将球拍稳妥地放置在腹部偏左的位置。在击球动作的执行过程中，击球者应主要依赖前臂和手腕的发力，以向右前上方的方向挥动球拍，并辅以恰当的外旋腕动作，球拍面正对击球方向。击球完成后，球拍应自然地挥至右肩前方，随后迅速回归准备姿势，以便为下一次击球做好充分的预备工作。

（2）反手远攻

在击球动作的执行过程中击球者右脚处于前置位置，身体与球台之间保持至少一米的适宜距离。在击球前的准备阶段，持拍手的上臂与肘关节应紧密贴合身体。前臂需向左下方移动，使球拍处于腹部左侧稍前的位置，拍面需保持略微后仰的态势，以便更好地控制球的轨迹。当球即将来临之际，击球者应以流畅的动作，将手臂由后向前挥动。在此过程中，前臂应在上臂的引导下，向前上方施加适度的力量，使球能够得到合适的击出力度。击球者还需配合向外转腕的精确动作，以保证在球的下降阶段准确击中球的中下部，从而实现精准的击球效果。击球动作完成后，大臂应顺势向前推送，肘关节自然离开身体，球拍挥至头部高度，随后，身体重心应转移至右脚，恢复准备姿势，以便为下一次击球作好充分的准备。

（3）反手快带

击球者应当站立于近台位置，双脚保持近似平行的稳定姿态，上臂贴近身体以减小摆动幅度。在击球前，前臂需迅速深入台内，以准确迎接来球。同时应使拍面尽可能前倾，通过手腕的稳定动作固定拍面角度，使球拍略高于来球，以更好地控制球的走向和力度。在击球时，应准确判断来球的上升期，击打球的中上部，充分利用来球的前进力进行有力的回击。同时，根据来球的旋转强度，适当调整击球力度。击球动作应注重落点的变化以及长短球的结合，通过灵活调整击球角度和力度，争取在比赛中占据主动地位。在快带斜线击球时，应使球拍接触球的中左部位，以前臂由后向前再向右下方的挥摆动作完成击球。在进行快带直线击球时，球拍应接触球的中部，前臂则由后向前向下方挥摆，通过调节力度来控制回球的长短。

（4）反手扣杀

以直握拍者为例，其动作要点如下：上臂紧密贴合身体，同时右脚轻微前移，以保持身体平衡。随后，前臂需执行旋外动作，球拍保持近似垂直的稳定姿态。在球拍接触球体的瞬间，身体重心需适当上提，同时食指需用力下压球拍，拇指保持相对放松状态，从而使拍面呈现出微微前倾的角度。击球时需精确瞄准球的左侧中上部，在球达到最高点时迅速挥动前臂向右前方发力，以完成整个击球动作。

（二）攻球技术练习方法

第一，徒手模拟正、反手攻球动作，重点体会挥臂、扭腰及重心转移等关键技术要领，以加深对其的理解与掌握。

第二，两人组成小组进行中路直线或斜线的对攻练习，以提高配合度和实战能力。

第三，两人配合训练中，一人负责挡球，另一人则专注于练习直拍横打技术；或者一人自抛自攻，另一人使用挡球进行反击；或一人进行正（反）手攻球，另一人则运用推挡技术回击；再或一人进行一点攻两点的训练，另一人则采取两点推挡一点的方式进行应对。通过多样化的训练方式，提高球员的适应能力和技术水平。

第四，球员应站在近台中偏右（左）的位置，在右（左）角端线附近自抛自攻对方右（左）边的斜线。在此过程中，应特别关注前臂和手腕的动作细节，使动作规范、准确。

第五，进行正、反手三点攻的专门练习，以提高球员在复杂局面下的攻击能力。

第六，执行回单点或回固定点的正反手摆速训练，以提升球员在快节奏比赛中的反应速度和击球准确性。

七、推挡球技术

（一）推挡球技术分析

1.快推

在乒乓球运动中，快推技术作为一项至关重要的基本技术，对运动员的技能掌握和比赛表现具有显著影响。当运动员身处球台中间或偏左位置，且身体与球台间距保持在约40厘米时，需站位稳固。双脚应平行或右脚略向前，两膝微屈，腹部紧绷，胸部内收，身体适度前倾或轻微左转。右上臂及肘关节需贴近身体右侧，手臂自然弯曲并将球拍引至身前或偏左位置。同时，前臂需外旋，拍面略呈前倾状态。

在对方来球自台面弹起的瞬间，运动员应合理调配前臂与手腕的力量，以精准的挥拍动作迎接球体的到来。当球体处于上升期的初期阶段，运动员应采用稍前倾的拍形，针对球体的中上部进行推击。在击球的关键时刻，前臂与手腕应自然向前或向前兼略向上的方向发力，同时充分利用球体反弹的势能，以实现快速且有力的回击。击球完成后，手和臂应顺势继续向前挥动，迅速恢复预备状态，为下一次击球作好充分准备。

在整个快推技术动作的执行过程中，运动员需保持身体重心的稳定，确保重心始终位于双脚之间,从而保障技术动作的流畅性和身体的平衡性。通过熟练掌握并精确运用这一技术,运动员能够在比赛中更加自如地掌控比赛节奏,进而提升个人的竞技水平。

2.挡球
(1)正手挡球
在球台中央或略偏向左侧的位置,练习者需与球台保持40至50厘米的距离。为达到此项技术要求,练习者需双脚稳定站立,左脚略微前移。同时应保持双膝微屈、腹部内收、胸部内含,使上半身略向右旋。右臂需自然弯曲并内旋,拍面近乎垂直于地面,置于身体右侧前方。

在对方来球自台面弹起之时,练习者需即刻启动,迅速将前臂向前方延展,使拍面正面迎接来球。在球体处于上升期的关键时刻,练习者应使用接近于垂直状态的拍形,精确击打来球的中部。整个击球过程中,应着重运用前臂及手腕的力量,结合来球的反弹力量,巧妙地将球回挡。击球动作完成后,手和臂应顺势继续向前挥动,立即恢复预备姿势,以便随时准备应对下一轮的击球挑战。

(2)反手挡球
在乒乓球运动中,站位的选择至关重要。以站在球台中间或稍偏左的位置为例,此时身体距离球台40至50厘米。运动员在准备击球时两脚应开立,宽度略超过肩部,右脚可略前或双脚平行站立。保持膝盖微屈,腹部内收,胸部内含,身体略向左转,为接下来的击球动作作好准备。

在击球环节中,右臂应保持自然弯曲状态,将球拍引导至身体正前方或略偏向左侧的位置。前臂需外旋,拍面接近于垂直状态。待球体自台面反弹升起之际,前臂需迅速前移,以拍面迎接来球。在球的上升阶段,需运用近乎垂直的拍形对球的中部进行推击。在击球的关键时刻,应主要依赖前臂与手腕的轻微发力,借助来球的反弹力量将球有效挡回。击球完成后,手和臂应顺势向前挥动,随后迅速恢复准备姿势,以备应对下一次击球。

3.推挤
推挤技术强调练习者必须精确判断来球的位置,在球体触及台面并反弹上升的瞬间以左侧中上部位接触球体，施加向左下方的力量，主要通过摩擦的方式来实现。

（二）推挡球技术练习方法

第一，通过挥拍模仿推挡练习，深入体会并熟练掌握击球的关键动作技巧。

第二，两人一组，共同进行对推练习，以增强实战应用能力。

第三，两人一组，专注于推落点练习，从固定点出发，推至对方球台的不同位置，提高准确性。

第四，两人一组，展开攻守对抗练习，一人负责攻击，另一人则运用推挡技巧应对对方的攻击。

第五，两人一组，一人负责以平击方式发球，另一人则练习接挡平击发球，提升应变能力。

第六，结合各种推挡球方法进行综合练习，以提高整体技术水平。

八、削球技术

（一）削球技术分析

20世纪中期，削球打法以其独特的技术特点和战术优势在世界乒乓球坛中占据了举足轻重的地位。这一地位的稳固主要得益于当时技术观念的成熟与器材发展的进步。但随着海绵胶皮技术的问世以及弧圈球打法的兴起，单纯依赖削球等待对方失误的战术已逐渐失去了昔日的竞争优势。

时至当下，尽管在全球范围内能够熟练运用削球技术的优秀选手已经为数不多，但削球技术本身仍被众多选手所珍视。在比赛中，选手们灵活运用削球技术，将其作为战术调整或改变场上节奏的重要手段，往往能够出其不意地取得良好的比赛效果。

1.正手削球

在正手削球训练中,练习者应双脚间距适中,左脚略微前移,以保持身体平衡。双膝应适度弯曲,身体需适度右转,为击球作好充分准备。在击球过程中手臂应向右后上方移动,重心稳定地置于右脚。

在击球准备阶段,手臂保持自然且适度的弯曲状态,球拍应精确地放置在右肩侧部,拍面呈现后仰的姿态。当进行击球时,持拍手的上臂应主导前臂自右上方向左前下方进行流畅且有力的加速切削运动,此过程中,手腕也需要施加恰到好处的向下力量,以进一步增强切削的效果。

击球点应精准地位于身体右侧约40厘米处,需在来球下降阶段准确摩擦球的中下部,以实现理想的削球效果。击球结束后,手臂应自然地挥向右侧下方,并迅速恢复初始的准备姿势,以便随时应对下一个击球动作。

2.反手削球

(1)近削

在击球之前先将前臂提升至合适位置,球拍保持略为竖立的姿态。击球过程中应以前臂作为主要发力点,同时手腕需配合工作,向前下方施加适度压力,以在球的高点期或下降前期有效摩擦球的中部或中下部。击球完成后,无须进行额外的送球,以保持技术动作的连贯性与稳定性。

(2)远削

在击球之前需将前臂上提,此举旨在增加用力距离,从而增强球拍的动能。在引拍过程中,应适度加快动作节奏,在击球瞬间,上臂能够带动前臂充分发力,使球拍自上方流畅地挥向前下方。此外,当来球处于下降阶段的后期时,球拍能够精准地摩擦球的中下部,以实现最佳的击球效果。

3.削追身球

(1)正手削追身球

在击球过程中如果球落点位于身体中间偏右的位置,击球者应当适时地将右脚后撤,同时维持含胸收腹的稳定姿态。随后,击球者需以腰部为中心,向右后方进行转动。在此动作执行期间,上臂应紧贴身体,而前臂则需轻微外旋,并朝着右上方进行引拍,拍面保持竖直状态。待球拍引至适宜位置时，上臂将引领前臂向下施加力量，以精确掌控球的飞行弧线，在球的下降初期，准确地击中球的中部或中下部。击球动作完成后，手臂应顺势向下挥动，随后逐渐放松并回归初始的准备姿势。

（2）反手削追身球

动作与正手削追身球基本相同、方向相反。

（二）削球技术练习方法

第一，进行徒手模仿挥拍训练，旨在深化对挥拍技巧的掌握。

第二，结合正手与反手动作，向固定落点进行削球练习，以增强技术的稳定性与准确性。

第三，运用正手和反手技术削击对方发来的直线或斜线球，旨在增强应对各种球路变化的灵活性与适应性。

第四，在逼角后需灵活变线，通过连续削球迫使对方移动至左（右）角，随后突然变线回至右角（左角），以增强战术的多样性和进攻性，提高比赛中的竞技水平。

第五，将搓球与削球相结合以及削球与进攻相结合进行综合训练，提高实战运用能力和技术水平。

九、搓球技术

（一）搓球技术分析

1.快搓

（1）正手快搓

在准备击球的过程中，击球者的肘部维持自然弯曲，适度外旋手臂，使拍面角度略微后仰。此外，后引动作应保持适度，幅度不宜过大。当球弹至上升期时，击球者需充分利用上臂前送的力量，并结合手腕发力，精准地击打球的中下部。在触球的同时应向前下方施加摩擦力，以实现对球飞行轨迹的有效控制。

（2）反手快搓

动作与正手快搓基本相同、方向相反。

2.慢搓

（1）正手慢搓

击球者应将左脚置于稍前位置，身体适度右转。同时前臂向右上方牵引拍面，在球下降阶段，前臂转动带动手腕向左前下方施加力量，准确击中球的中下部。对于直拍选手而言，在反手搓球过程中，应主要借助食指和中指的力量，拇指也需要配合施加辅助力。对于横拍选手，则需充分协调拇指和食指的发力，以发挥最佳击球效果。

（2）反手慢搓

动作与正手慢搓相同、方向相反。

3.摆短

在乒乓球的实战竞技中，摆短技巧的运用屡见不鲜，且其重要性不容忽视。一个精准且高质量的摆短动作能够显著地抑制对手的进攻节奏，特别是当球的落点精准地控制在对方左右两侧的"小三角"区域时，其效果尤为显著。从战术布局的角度来看，如果对手在步法移动或是处理台内球的技术上有所欠缺，摆短技巧的运用便能有效地引诱对方靠近球台，从而进一步降低其回球的质量与效果。这一策略在比赛中具有重要的实战价值，是乒乓球运动员应当熟练掌握的一项关键技术。

（1）正手搓球摆短

击球者谨慎地将右脚向前挪动，使其贴近球台边缘，同时巧妙地引领球拍至右侧后方，拍面维持轻微上扬的角度。在球体上升的关键时刻，击球者需精确锁定球的中下部作为击打目标，借助前臂向前下方的流畅挥动，并辅以手腕适度的力量释放，以精确而有力地击球。击球完成后，随挥动作需保持适宜的控制，并迅速回归标准的准备姿势，以便随时应对后续的比赛挑战。

（2）反手搓球摆短

击球者身体应适度前倾，靠近球台以保证有更好的击球位置。球拍应轻微向左后方引至腹部前方，同时调整拍面角度使其略向后仰。在球上升的过程中应精准地击中球的中下部。此时，前臂需向前下方挥动，并配合手腕的外展动作进行发力。击球完成后，随挥动作应保持适度，并迅速恢复初始的准备姿势。

（二）搓球技术练习方法

第一，徒手模拟搓球动作，注重动作的准确性和流畅性。

第二，自行抛球，待球弹起后，运用搓球技巧将球搓过网，多次重复练习以提高熟练度。

第三，两人配合，一人负责发下旋球，另一人则负责将球搓回，以锻炼应对下旋球的能力。

第四，两人一组，轮流模拟中路直线和斜线的搓球动作，增强对球路的判断和控制。

第五，两人一组，一人负责发下旋球，另一人需用正手或反手将球搓向对方的两个不同点，同时对方也需用正手或反手将球搓回至一点，从而提高应对多变球路的能力。

第六，结合搓球技术与其他相关技术进行练习，如搓球后立即发起进攻，或将摆短与劈长技术结合起来进行练习。

十、弧圈球技术

（一）弧圈球技术分析

1.正手弧圈球

（1）正手加转（高吊）弧圈球

击球者应采取稳定且有力的站立姿势，双脚适当分开，双膝微微弯曲并内收，重心稳定地置于前脚内侧。左脚应位于前方，脚后跟轻微抬起，身体适度向右转动，以保持身体的平衡与稳定。在准备击球时，手腕需向外侧展开，将球拍向后拉引至右后方，以做好击球前的准备动作。

当球跳至最高点或开始下降的初期阶段，击球者应通过腰髋部的协调转动，带动上臂和前臂从后向前迅速挥动，以最佳角度击中球的中上部或中部。在击球的关键瞬间，击球者需以坚定而有力的方式向前上方发力，同时右脚掌内侧需用力蹬地，轻微伸展膝关节，使力量充分传递，使重心从右脚平稳地转向左脚。

（2）正手前冲弧圈球

以直拍握法为例，在准备击球时，应以腰部和髋部作为旋转的中心，引导前臂向身体的右后方拉拍，同时将身体重心转移到右脚上，站位相对于拉加转弧圈球时要稍高一些。当球拍与球的高度接近或稍微低一些时，需要及时调整拍面的角度，使其比拉加转弧圈球时更为前倾，此时手腕要执行屈腕的动作（采用横拍握法的运动员则需要内收手腕）。

在击球的关键时刻，运动员需要精准地把握击球时机，即选择在球上升的后期到最高点之间的时段，利用腰部、髋部和大臂的协调动作，驱动前臂在身体侧前方向左前上方挥动。主要的发力方向应主要是向前，并略带向上的摩擦，以集中力量打击球的中上部。在击球的瞬间，肘关节应维持一个适中的弯曲度，在110°至140°的范围内，同时手腕要进行伸展（对于横拍握法的运动员则是外展），手指和手腕要迅速地对球体施加摩擦。击球动作完成后，手臂应顺着力量的方向向左前上方挥出，确保击球的力量得到完整传递，然后迅速回到起始位置，为下一次击球作好准备。

2.反手弧圈球

（1）反手加转（高吊）弧圈球

以球台左侧边缘外约60厘米处的站位作为标准示范，该技术要求练习者双脚基本保持平行站立，左脚略向前，身体重心均匀分布于双脚之上。双膝需微微弯曲，腹部内收，腰部及上半身适度向左转。前臂应置于腹部前方，保持自然弯曲状态，手腕略向后牵引，将球拍引至腹部左侧下方。肘关节需轻微向前突出，手腕呈屈曲状，球拍自然下垂，拍面保持略向前倾的姿态。

在球下降前期，重心应略偏向左脚，以球拍的中部至上部区域击球。击球瞬间，脚部需用力蹬地，同时伸展膝关节，通过转动腹部以及腰部和髋关节的联动，带动前臂向前上方发力。球拍在撞击球体后，应迅速转变为向前上方的摩擦动作。随后，重心需略向前上方移动，并转移至右脚，迅速恢复准备姿势，以便为下一次击球作好充分准备。

（2）反手拉前冲弧圈球

在进行击球时，运动员应采取稳定的开立站姿，右脚略向前移，以左脚为主要支撑点，保持身体重心平稳。上半身应轻微向左侧倾斜，以维持整体平衡。双臂保持自然弯曲，肘关节靠近身体，手腕向内收拢，前臂向外旋转，将球拍拉至身体的左后方，调整拍面至略微前倾的状态。在球弹跳至最高点或上升期的后段，运动员必须精准地击打球的中上部。紧接着，通过腰髋部位的协调动作，从左侧向右侧前上方转动，带动上臂，使得前臂能够快速向前推进并带有向上的摩擦力。在击球的瞬间，要通过手腕的前向摩擦力来加强击球的力量和控制。整个击球过程中，运动员需要将身体重心从左脚平稳地转移到右脚，并且在完成击球后立刻回到准备状态，以便为下一次击球作好准备。

（二）弧圈球技术练习方法

第一，按照拉弧圈球技术的标准动作要求，采用徒手方式进行模拟练习，以熟悉和掌握技术的基本要领和动作流程。

第二，在完成原地徒手动作训练后，结合下肢的移动步法进行整体协调性的模拟练习，以提高技术实施的连贯性和稳定性。

第三，在单人练习阶段明确规定一人负责发球，另一人则专注于拉弧圈球，随后互换角色进行反复练习，以促进对技术的熟练掌握。

第四，设置一人负责挡球，另一人则连续拉弧圈球的练习，以增强技术的连续性和稳定性。

第五，安排一人执行削球动作，另一人则连续拉弧圈球的练习，以检验和提高运动员在不同球路下的技术应变能力。

第六，由一人发出中路出台的下旋球，另一人则连续拉弧圈球，以模拟实际比赛场景中的技术应用。

第七，在两人对搓练习过程中，固定一人负责在搓球过程中结合拉弧圈球技术，以锻炼在复杂局面下的技术转换和应用能力。

第八，在练习弧圈球技术时应注重与其他单项技术的结合训练，如发球后的第三板弧圈球抢攻、接发球抢拉以及弧圈球与扣杀技术的结合应用等，以提升技术的综合运用能力。

第二节　高水平乒乓球运动员战术训练方法

一、乒乓球单打战术训练方法

（一）单个战术练习

经过实战比赛，运动员会从中汲取宝贵的战术经验。他们将这些经验进行总结与提炼，可形成一套规律性强的战术练习方案。以对阵直板单面拉选手为例，运动员会制定一套有效的战术：首先压制对方的反手大角，随后调整策略攻击正手空当，最后再次施压于对方的反手。通过反复与具备此类风格的对手较量，运动员能够更深入地理解这套战术的精髓，进而在日常训练中精益求精，最终将其固化为一种常用的比赛策略。

（二）意念打球练习

意念打球练习是一种独特的乒乓球训练方法，其核心在于将心理学原理融入训练中。这种练习并非传统意义上的身体训练，它更加注重精神层面的集中和专注。若练习者无法全神贯注，意念打球练习便无法达到预期的效果。以下是几种意念打球练习的常见方法。

1.纯意念练习

纯意念练习作为一种独特的训练方法，其精髓在于在身体维持相对静止状态的过程中通过深度想象对手所击出的各类球路，进而精心策划并构建自身针对这些球路的反击方案。此方法旨在通过意念的高度集中与反复演练，有效提升运动员在真实比赛环境中的反应速度和应对能力，从而增强整体竞技表现。

2.假想对手，做各种手法、步法练习

在进行意念打球的过程中，首要之务是构想出对手的击球方式，在此构想的基础上有针对性地制定出一套完整且精确的手上技术与步法动作策略。

3.暗示抢1分练习

这种心理策略在乒乓球比赛中至关重要，即运动员应将每个回合都视为关键球，全力以赴去争取胜利。通过这种心理暗示，运动员的身体会自然而然地变得紧张和兴奋，注意力也会高度集中，从而能够全身心地投入比赛中，力争每一分。为了加强运动员在关键分时的竞技状态，我国乒乓球队还设计了一种特殊的训练方法，即从8∶8开始计分的练习比赛。通过这种训练，运动员可以更好地适应比赛压力，提升在关键时刻的表现水平。

二、乒乓球双打战术训练方法

（一）双打位置的移动

在双打赛事中，运动员在场地上的移动需保持高度的灵活性和协调性。在移动过程中必须遵循以下准则。

第一，运动员的移动不应干扰到同伴的视线和判断。

第二，运动员应避免阻碍同伴的击球位置和回击动作，以维持双方合作的流畅性和效率。

第三，运动员应选择有利于自身下一次回击的位置进行移动，以优化比赛策略。

双打运动员在比赛中的脚步移动方式与路径，均依据对方击球的力度强弱、速度快慢、旋转特性以及落点位置等因素，同时结合本队运动员的打法特色及配对组合特点来综合确定。具体而言，双打运动员的脚步移动方式可细分为三种主要形式：左右横向移动、前后纵向移动以及曲线式灵活移动。

运动员在实际比赛中的移动路径应根据具体情况进行选择和调整，以确保最佳的比赛效果。

1. "T"字形移动

以快攻与削攻两种打法的选手配合为例，快攻选手通常在近台区域进行左右方向的移动，而削攻选手则主要进行前后方向的移动。这种移动方式形成了独特的"T"字形步法轨迹。此方法特别适用于那些需要保持一近一远站台位置的选手组合，如一攻一削的配对。也适用于两个削攻选手之间的配合，以及快攻与弧圈打法选手的组合。

2. "八"字形移动

在双打比赛中，若己方组合为一左一右握拍，面对来球，两位选手需灵活应对。当球落至各自反手位时，击球后应迅速朝各自反手方向移动，此时两人步法轨迹将构成"八"字形态。若球至正手位，击球后则需向各自正手斜后方移动，步法轨迹同样形成"八"字形态。这种策略确保了选手在接球后的位置调整更加合理，提高了防守的效率和稳定性。

3. "∞"字形移动

在乒乓球比赛中，当面对对方针对本方某一位选手发动攻击，特别是攻击其两条大斜线时，无论是攻球选手还是削攻选手，他们的脚步移动线路都会呈现出一种特殊的形态——"∞"字形。这种移动方式是环形移动与左右步法变换相结合所产生的。通过这种移动方法，选手们能够更加灵活、准确地应对对方的攻击，保持比赛的主动权。

4.环形移动

在双打赛事中，当两位选手均采用右手持拍时，他们通常会采用环绕式的移动策略。由于两名右手持拍的选手在交替击球时容易发生相互阻挡的现象，这与一左一右配置的选手存在显著的差异。为了有效地解决这一问题，采取换位策略成为一个有效的选择。

（二）快攻类打法对快弧类打法的战术

1.发球抢攻的战术运用

发球方主要采取的策略是发出侧上旋、下旋或转与不转的近网短球，同时配合长球至对方右大角和中线稍偏右的位置，以创造进攻的有利条件。在抢攻环节，运动员需根据回球的落点位置、球路长短以及旋转特性灵活调整攻击方式，并精准控制力量的大小。这要求运动员具备迅速的反应能力和精准的落点控制能力，若能针对性地抓住对方防守的薄弱环节发起攻势，将更有助于取得更好的进攻效果。

2.接发球抢攻的战术运用

在接到对方来球之际，首要之务是精确判断，并辅以迅速反应为主导策略，也可以择机运用快拉技术展开反击。在此过程中必须坚定信念，敢于拼搏，以胜利为目标。出手务必迅速果断，落点灵活多变，同时辅以出其不意的假动作，旨在攻击对方防守薄弱环节。在特定情境下也可以采取反向策略，为同伴创造进攻良机。如果无法直接发起进攻，则可灵活运用摆短、切、撇等技术手法进行过渡。在运用这些技术时需确保落点精准且具突然性，使对手难以实施抢攻，从而为同伴在下一轮的进攻中创造更为有利的条件。

3.连续攻击追身球的战术运用

在应对精通左右横握球拍、擅长弧圈球打法的对手时，鉴于其正反手攻击技巧之均衡、步法移动之迅捷以及防守范围之宽广，宜采取中路突破的战术部署，着重针对其追身球实施精准打击。此策略旨在打乱对方节奏，降低

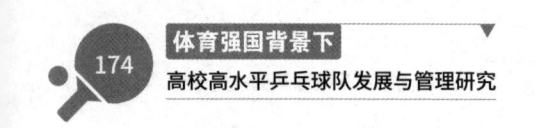

其攻击效率，从而为我方争取主动，取得比赛优势。

从发球阶段开始，无论是处理接发球还是过渡球，都应优先选择中路近网的短球作为主要攻击手段，同时，适时地利用大斜线球路的变化来增加对手的不确定性。在实际比赛中，需要根据对手的站位和移动情况灵活调整攻击策略，确保每一次中路进攻都能达到精准和有效的目标。这种战术旨在扰乱对手的预判，打破其平衡，干扰其移动节奏，甚至可能迫使对手在移动接球时产生失误，从而为自己创造出更多的得分机会。此外，通过持续对对方中路的攻击，可以有效减少对方回球的威胁，进一步巩固自身的优势。

4.连续攻对方某一点后变线的战术运用

经过对两名对手（均为右手持拍）的握拍姿势、技术专长以及协同作战能力的细致剖析，可以实施一种针对性的战术布局，即持续对对方的正手位或反手位发起攻击。此战术的核心目标在于通过迫使对手在球台特定区域内频繁移动，进而打乱其步法节奏，从而削弱其反击能力。一旦对方在某一侧疲于应对，球台的另一侧便会出现明显的防守漏洞，此时应迅速把握战机，精准地攻击对方的空当区域。还应根据场上局势的动态变化灵活调整攻击目标，以攻击对方不同的空当区域，为队友创造更多扣杀得分的机会。

5.以近网短球控制为主突击变各条线路的战术运用

针对削球或中台防御型选手，宜采取以侧上旋发球为主导的战术布局。在竞赛过程中，应灵活变通，捕捉战机，对各个线路展开有效攻击。务必精准掌控过渡球的落点，谨防回球过高，以免为对手制造可乘之机。在竞赛中，应积极主动配合好转与不转的战术转换，力求率先发动突击，强调速度快、落点刁钻、突然性强的特点。线路和落点的选择需依据对手在场上的站位和移动情况而定，并适时寻找机会进行扣杀。切勿拘泥于既定的战术线路，而应灵活变通，根据实际情况灵活调整战术策略。

6.从中路突破再变线的战术运用

在面对两位身材高大、技术精湛的选手，尤其是那些擅长使用弧圈球技术的对手时，策略性地从中路发起攻击是明智之举。在发球和接发球环节，必须严格控制台内的短球，寻找突破点，以争取主动权。一旦有机会，应迅速而准确地攻击对方的中路，迫使对方陷入防守的困境。然后通过灵活的变线，连续攻击同一条线路，将对方牵引到球台的同一侧，制造出更多扣杀的机会。在此过程中必须摒弃侥幸心理，不能过于保守，也不能过分防御，因为这往往会导致失去已经获得的主动权，进而陷入被动挨打的局面。

（三）弧圈类打法对弧圈类打法的战术

1.发球抢攻的战术运用

在选手配对过程中，发球者普遍倾向于采用中路近网侧的上旋、下旋或转与不转球作为主要战术，同时结合中路长球的速度优势进行辅助。此种以"中路"为核心的战略旨在有效制约对手的大角度回击，进而为搭档创造出更佳的进攻契机。针对当前竞技场上对手可能施展的快拉、挑、点等攻击方式，搭档需灵活运用反削或反撕技巧，精准地将球击打至对方的防守空当，达到出其不意、攻其不备的战略效果。

2.接发球抢攻的战术运用

在竞赛过程中应充分发挥弧圈球技术的独特优势，积极主动地寻求突破口，灵活运用滑板、快拉、挑、点等技巧，精确攻击对手防守中的薄弱环节。一旦发现对手站位过于偏离中心或进攻能力稍显不足，应立即采取摆短至中路的战术安排，以便为队友创造更有利的进攻机会。在执行这一战术时，务必确保回球具有强烈的旋转力、低平的弧线以及精确的落点，从而有效提高战术的成功率和整体竞技效果。

3.防守反攻的战术运用

一旦进入防守状态，首先需要展现的是坚定不移的意志力、高度的专业责任感以及对胜利的执着追求。除此之外，高效的防守技巧、敏感的球感和灵活的步法同样不可或缺。在激烈的对抗中，通过坚强的防守并成功得分，不仅能够显著提升团队的士气，还能在心理层面取得优势，有可能因此改变比赛的局势。在执行防守战术时，应确保击球的弧线既高且深，让球落在尽可能接近底线的位置，并在恰当的时刻增加球的旋转，以侧上旋为主要手段。在防守环节中，保持冷静和沉着至关重要，要积极寻找机会转为反击，或为队友争取到发起有效攻势的良机。

4.站位变化的战术运用

随着比赛的不断推进，当双方的技术特点、战术运用和打法风格被对手逐渐熟悉并适应之后，改变站位策略可以作为一种有效的迷惑手段。具体来说，如果我方在正手位处理短球的能力相对较弱，在应对长球时则显得更为得心应手，那么在接发球环节，可以选择使用反手站位来增加对手的不确定性。由于正手和反手在接球时的技巧和产生的旋转效果有明显不同，这种策略能够显著干扰对手的发球计划，并对其发球后的第三板球造成困扰，为我方创造出有利的进攻机会。面对对手突然发出的快速长球，如果我方感到难以应对，可以在接发球时有意识地增加与球台的距离，制造出一种准备接长球的姿态。这样的行为往往会迫使对手重新考虑其发球的战术。同时，我方可以在对手发球的瞬间，通过快速调整步法来主动靠近或远离球台，以便在接发球环节取得先机。这种对站位的灵活调整往往能够产生意想不到的效果，使对手难以适应，甚至可能导致其出现失误。

5.对拉中交叉攻击两大角的战术运用

面对两位右手持拍选手或一位直拍和一位横拍的组合时，可以巧妙地运用一种战术策略，即频繁地拉打两条大斜线球路。这种策略可以迫使对手在较大的空间内移动，有效降低其回球的质量，可能扰乱其步法。当对手因此处于不利地位时，这为我方提供了执行强力扣杀的机会，从而可能夺取比赛的控制权。在选择击球线路时，应当优先考虑攻击直握拍选手的反手区域，对于横握拍选手，则应该针对其两侧的角落进行连续的左右调动。这种有目的性的线路选择策略可以显著限制直握拍选手正手弧圈球的发挥，减少其整体的进攻威胁。这种策略的实施可以在比赛中获得更多的优势，增加获胜的可能性。

6.对拉中拉一点突然变线的战术运用

在比赛的相持阶段,两位擅长弧圈球的选手通过连续施加强劲的前冲弧圈球专攻对方的一条线路,使对方只能被动防守。这种策略导致双方选手在场上位置重叠,暴露出空当。此时,应敏锐捕捉这一战机,果断改变攻击线路。在面对强烈的弧圈球攻击时,尽管处于被动防守的态势,但选手仍需保持冷静,在防御中寻找突破点,突然变线。这样的战术调整往往能够实现由被动转为主动的转变,扭转不利局面,为接下来的反攻创造有利条件。

(四)弧圈类打法对快攻类打法的战术

1.发球抢攻的战术运用

发球者主要采取发下旋、侧下旋近网短球的策略,辅以急侧下旋球来分散对方的注意力。这样的发球方式迫使对方在应对近网短球时只能采取搓球的方式来回击。为了充分发挥弧圈球的强大威力,两名选手在场上必须默契配合。对于负责拉弧圈球的选手来说,他们在旋转和落点的控制上必须达到高质量的标准,以便为同伴创造更多连续进攻或扣杀的机会。

2.接发球抢攻的战术运用

现代乒乓球双打战术中,前三板的进攻是核心要素。一旦某一方在此关键阶段取得优势,便极有可能奠定胜局。在接发球环节,应熟练运用快拉、撇、挑等技巧,精准地攻击对手的薄弱环节或反手位,从而形成对攻的态势。快攻之所以具有强大的威力,主要源于其鲜明的突然性和落点的精确性。因此,积极发起对攻,并努力在接发球或第三板阶段即在台内取得主动地位,显得尤为关键。同时,充分发挥弧圈球正、反手两面拉的特长,对于掌控比赛节奏和局面具有至关重要的作用。若自身在相持阶段不占据明显优势,则应灵活运用摆短或切加转长球等防守策略,这些技术在防守端相对更易于施展。在此基础上,可借助快带、反剔等技术,有针对性地回击对手的反手位,再次形成对攻态势,并伺机利用弧圈球技术争取主动。这样的战术运用可有效提升双打比赛的竞技水平和观赏性。

3.防守反攻的战术运用

两名削球选手在防守过程中必须巧妙地运用迫使对方打出大角度球以及灵活调整削球的旋转状态，诱使对手采取高吊弧圈球或短球过渡的战术，从而伺机发动反击。这种战术的成功实施关键在于两位选手之间高度的默契与相互理解，特别是在比赛的关键节点，其效果尤为突出。对于进攻型选手而言，在处于被动防守状态时采用放高球技术不失为一种有效的应对策略。放高球技术要求球路高远、旋转强烈，尽量将球放置在对方场地的端线附近，以增加对方扣球的难度，为自身的反攻创造有利战机。

4.相持中攻击对方薄弱区域后变线的战术运用

在技术水平相当、前四板均已适应的比赛中，为获取比赛的主导权，必须迅速调整战术策略。首要之选是从对手的薄弱环节或区域着手，尤其是那些技术相对薄弱的选手或直握拍选手的反手位进行有针对性的攻击。在陷入僵持局面时，应巧妙地通过多打弧圈球至对手的特定区域，以寻找战机，突然变换节奏，攻击对方的空当。还应根据实际情况灵活应对对手的走位，采取相反的战术。在攻击时需保证球的旋转和弧线有所变化，以避免对手逐渐适应并找到应对策略。

（五）削球类打法对攻球类打法的战术

1.接发球抢攻的战术运用

接发球抢攻往往会破坏敌方的作战布局，使敌方产生强大的心理压力，同时也能为同伴争取优势，提高个人的信心与削球的主动性。但在执行接发球抢攻时务必事先与同伴沟通并准备充分，从而实现预期的效果。

2.发球抢攻的战术运用

在比赛中若遭遇不利局面或比赛进入关键阶段，应主要采用发近网转与不转短球的策略，适时运用突发性急球以干扰对方节奏。在此过程中应抓住一切有利时机积极组织反攻，争取比赛的主动权。

3.削转与不转球的战术运用

在对方攻击能力相对匮乏或某名选手竞技状态欠佳，尤其在比赛进入关键性阶段时，此战术的运用更为频繁。其目标在于误导对方，诱使其作出错误的战术判断，进而促使其进攻策略趋于保守化，以削弱其信心。为实现这一目标，通常采取削加转球作为起始手段，随后灵活转变为送出不转球。在观察到对方犹豫不决且对于实施大力扣杀持有谨慎态度时，我方将刻意增加发送不转球或弧线相对较高的球的频率。此举旨在诱使对方主动发力，增加其因判断失误而出现的拉球出界或回球弧线过高的概率。通过此种旋转的巧妙变换，能够有效干扰对方的预判，为其制造困扰，为我方扣杀创造更为有利的时机。此战术已被削球选手广泛采用，成为其比赛过程中的一项重要策略。

4.逼削两大角伺机反攻的战术运用

这是一种在对方实力显著超过己方时采取的策略，通过逼迫和削击对方的两个边角，使对方不得不左右奔波，无暇发起进攻。在此过程中，我方会耐心等待并寻找合适的时机，一旦机会出现，便会果断发起反击。

5.削一点伺机反攻另一角的战术运用

逐步削弱对方的优势，策略性地将对方两名选手调动至同一位置，若对方均为右手持拍者，为了提升进攻的威胁性，他们往往会选择侧身挥拍。然而，一旦侧身，其正手位置将暂时暴露在无保护状态下，守方应迅速捕捉这一战机，发动攻击。也可以通过巧妙地交叉削球，将球送至对方难以顾及的位置，迫使对手不断左右移动，从而创造出反击或追击的机会。

（六）攻球类打法对削球类打法的战术

1.发球抢攻或接发球抢攻的战术运用

通过精准执行发球抢攻与接发球抢攻战术能够有效地打乱对手的战术安排。在发球或接发球的过程中，对旋转的准确判断具有举足轻重的地位，特别是在针对底线施加的强烈下旋球时，应巧妙运用弧圈球技术或迅速突击至对方场地的中间偏右区域，以取得战术上的优势。紧接着，应抓住有利时

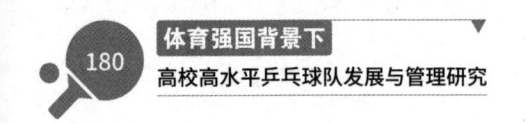

机，通过扣杀的方式，攻击对方的近身区域或两大角位置。在接发球时，应迅速捕捉战机，果断起板，以迅雷不及掩耳之势打乱对方的战术节奏，为整场比赛的胜利奠定坚实基石。

2.发球抢攻的战术运用

在进攻型选手与削球选手的竞技较量中，发球抢攻战术虽在进攻型选手之间的对抗中优势不算突出，但其战略价值仍至关重要，不容忽视。进攻型选手如果能精准掌握并巧妙运用此战术，通过出其不意的突击方式打乱对手的竞技节奏，往往能够有效迫使对方陷入被动局面，进而达到理想的比赛效果。具体而言，进攻型选手在发球环节可灵活调整旋转，或在连续发出近网短球后突然改变节奏，发出急长球进行抢攻；也可以在连续发出长球后突然改发短球，实施抢攻等策略。这些战术运用不仅有助于在战术层面占据主动地位，更能在心理层面对对手造成干扰，进一步打乱其节奏。

3.拉一点突击两大角的战术运用

要稳固地控制对方的位置。一旦对方的两名选手在移位时出现疏忽，立即发起迅猛的突击并连续进行扣杀。也可以巧妙地拉弧圈球（进行突击），使球落在对方两名选手之间的空隙，迫使他们来回奔跑，待对方露出破绽后，再精准地把握机会进行扣杀。

4.拉两大角突击中路的战术运用

在乒乓球比赛中，拉球时应当巧妙地朝对方站位的反方向转移球路，迫使对方不得不进行大幅度的步法移动，从而制造对方防守的破绽。在此过程中应把握时机，精准地扣杀中路，以期获得得分机会。为保证战术的成功，拉球的线路应足够长，落点应难以预测，同时要注重球的旋转、速度、节奏和变化，这些要素的综合运用将大幅提高战术效果。

5.拉中路突击中路的战术运用

对于擅长横拍削球的选手而言，中路位置往往构成其技术施展的难点，即所谓的"盲区"。在这一区域移动时，容易与对手发生身体接触，从而限制技术的有效发挥，进而导致回球质量下降，难以产生强烈的旋转效果。因此，通过采用拉攻过渡的策略可以诱导对手误判，制造出机会球。在对方陷入被动之际，可以迅速抓住战机，以大力扣杀或前冲弧圈球的方式将球击向中路（追身位置），以此占据主动，获得比赛的优势。

6.搓中突击的战术运用

针对那些削球技术扎实且具备显著进攻能力的选手，应当审慎而精准地运用搓球中的旋转变化、长短调整以及线路变换，旨在诱使对手在前后方向的移动中频繁进行回球，使其步法节奏紊乱，并降低其回球的质量。在有效掌控比赛节奏的基础上，应积极寻找并利用适宜的时机发起前冲式进攻或实施突击。一旦出现有利的进攻机会，队友应毫不犹豫地采取大力扣杀或拉前冲弧圈球等战术手段；若机会尚未成熟，则可通过搓短球的方式进行过渡，持续施加压力，迫使对手在移动中暴露出破绽，为我方创造更有利的进攻条件。

7.被动防御的战术运用

在与实力雄厚的对手交锋之际，若对方的防守技艺在我方进攻能力之上，我方应审慎地进行战术调整。例如，利用高弧线球技或采用搓球手法作为过渡，主动引导对方发起进攻。同时，我方需审慎避免持续进行拉攻，以促成由被动向主动的转变。一旦对手发动突如其来的反击，我方可通过击高球进行策略性过渡，在此过程中，对旋转的精准掌控与落点的巧妙选择尤为关键，以此为我方创造反击的良机。

8.拉远吊近的战术运用

此种战术在削球型选手中运用颇为普遍。在拉球环节中，选手们凭借对长、短落点及线路变化的精准把控，寻找恰当的时机，对近台站位的对手发动迅猛的突击；或巧妙运用短球，诱使远离球台的对手上前接球，以此扰乱对方的步法节奏，创造施展前冲弧圈球或突击的契机。一旦选手们成功适应对手的削球线路及其旋转变化，则须适时运用中等力量加大进攻力度，迫使对手远离球台或调动至场地两大角位置，使其疲于跑动。随后，选手们可突然施以短球，配合队友的扣杀或冲追身及两大角战术，以期取得比赛胜利。

在面对两名削球手时，鉴于对手常处于被动状态，进攻方更需保持比赛的主动权和主导地位。在实施拉攻战术时，选手们切勿急于求成。

9.快攻与弧圈球结合旋转、节奏变化的战术运用

正胶直握拍选手与横握拍弧圈球选手的结合，在比赛中能够充分展现胶皮所固有的优势，创造出旋转差异显著、节奏多变的球路。这种战术能够迫使对手因频繁的前后移动以及对击球时机的误判，导致回球质量降低，从而为本方创造出大力扣杀或前冲弧圈球的绝佳机会。

值得注意的是，部分选手在采用快攻结合弧圈打法的过程中会在反手位巧妙地运用生胶技术。生胶作为一种颗粒胶，其显著特点在于颗粒短小、胶质透明且具备出色的弹性，这一特性使其成为快弧选手在反手位进行弹击动作的优选。生胶技术还常与搓、拱、托等技术相交融，通过增加对手的判断难度，为本方争取到更多的进攻机会，展现出其独特的战术价值。

（七）防守类打法对防守类打法的战术

1.发球抢攻与接发球抢攻的战术运用

鉴于双方均采用防守型战术，形成僵持态势，致使任何一方都难以在较量中占据上风。在此情境下，发球抢攻的战术布局显得尤为重要。一方面，运动员应依托自身擅长的发球技巧，积极寻找突破口，实施抢攻行动；另一方面，需结合队友的技战术特点，有针对性地发球，旨在为队友创造有利的抢攻机会。在接发球环节，应优先选择运用正手技术，紧密关注比赛节奏，把握时机，果断采取突发性接发球抢攻策略，以迅速夺取比赛主动权。

2.前、后站位的战术运用

在双打比赛中，两名防守选手通常会形成一种互补的配对关系。其中一名选手通常会倾向于采取进攻策略，而另一名选手则更加注重防守。这种策略布局使擅长反击的选手可以站在稍微靠前的位置，以便更好地搓球和发动反击。擅长防守的选手则站在稍微靠后的位置，以预防对方突然发动进攻，

从而形成攻守兼备的局面。

3.拉、搓结合的战术运用

首先，必须确立积极主动的攻击意识。其次，在搓球时必须掌握并熟练运用长短、快慢以及旋转的变化，以创造出更多的突击机会。这不仅可以打乱对方的战术节奏，同时也能为防守带来积极的效果。在执行抢攻时必须果断决策，以保证攻击线路清晰明确。

4.防守反击的战术运用

在面对攻击力超越己方的对手时应首要稳固自身的防守体系，同时敏锐洞察并把握反击的良机，通过逐步化解对方的攻势来稳定战局。在执行这一战术的过程中，灵活的步法移动显得尤为重要，它不仅能够确保我们有效地躲避对方的攻击，还能为反击创造有利条件。与此同时，队友之间也需要保持高度的进攻准备状态，以便随时应对可能出现的连续进攻，确保整体战术能够顺利执行。

第三节　高水平乒乓球运动员技战术训练意识的强化

一、我国竞技乒乓球技战术训练的重要理念

（一）"百花齐放，以我为主"

"百花齐放，以我为主"的训练理念具有以下特性。

1.正确性

"百花齐放，以我为主"这一训练理念的正确性主要体现在两个关键方面。首先，遵循"百花齐放"的原则，通过采取开放性政策，激励并支持多样化技术风格的探索与成长。其次，坚持"以我为主"的方针，明确发展的核心重点，在此基础上持续改进技术风格，以获得更高层次的进步和完善。

2.科学性

"百花齐放，以我为主"的训练理念在竞技乒乓球领域中的科学性显著，其核心体现于对乒乓球竞技基本矛盾的深刻认识与高度重视。乒乓球竞技体系涵盖五大核心要素与制胜因素，分别为力量、速度、旋转、落点以及弧圈，这些要素共同构成了乒乓球竞技的坚实基础与制胜之道。这些要素在比赛中不断变化，为运动员提供了丰富的技术选择。另外，不同工具的性能和乒乓球的不同打法也带来了多样化的竞技特点。这些变化和技术差异对运动员的技术执行提出了极高的要求，即所谓"失之毫厘，差之千里"。这种不断变化的球性刺激要求运动员具备出色的适应能力、细腻的手感和精确的技术执行。通过精准地应对各种球性刺激，运动员可以实现多样化的球性变化效果。这也凸显了中国乒乓球技术与欧洲技术的差异，即中国运动员在技术的精细度和执行上更具优势。

3.实效性

通过引入和应用多样化的技术形式与风格，运动员的适应性能够得到有效的锻炼和提升。面对全球范围内与各种不同风格的选手进行实际对抗的困难，一个有效的解决方案是将国际乒坛的多样化打法和风格引入中国乒坛。通过在国内积极推广这些不同的打法，可以模拟世界大赛中的多元对抗环境，显著增强我国运动员面对复杂多变比赛情境的应对能力，提升他们对抗不同风格对手的技巧，构建更为全面的技术体系，以取得竞技上的优势。

由此可见，"百花齐放，以我为主"的训练理念在实际训练和比赛中已经证明了其显著的效果。坚持这一理念，不仅有助于形成一种既吸收国际优秀技术又具有中国特色的竞争格局，而且促进了世界乒乓球的先进经验与我国实际情况的有效融合。

（二）"三从一大"与特长突出

1."三从一大"与特长突出的关系

"三从一大"这一训练理念起源于20世纪60年代中期，其核心内容为"从难从严进行训练，强调实战导向，并科学安排大运动量训练"。多年来，中国乒乓球队始终将该理念视为训练的核心指导原则，始终如一地予以贯彻实施。

运动员在熟练掌握乒乓球的特定打法后必须进一步深入理解并掌握决定比赛胜负的关键技战术。这需要他们不断地精练和提高关键技术，直至达到准确无误和尽善尽美的境界。通过将这些关键技术转化为个人的特长技术，运动员能够更有效地在比赛中发挥优势并取得胜利。这一过程被形象地称为"特长突出"。在中国乒乓球队中，诸如"前三板"技术和正手技术等关键技术已成为我国队员在与外国运动员竞争中展现优势的特色。这些技术的熟练运用也是我国队伍在国际大赛中取得佳绩的重要保证。

为了形成独特的打法风格，运动员需要持续强化其特长技术，秉持精益求精的态度。同时，他们还需致力于提高技术水平，以保证在日益激烈的竞争中能够灵活应对各种攻防转换和主动被动的变化。这种全面的技术要求源于实战的需要，也是运动员在训练中必须追求的目标。

历史经验表明，一个运动员若要在比赛中发挥特长技术的优势，其整体技术水平也需要达到全面。否则，任何一个技术弱点都可能成为对手的攻击目标，削弱特长技术的效用。因此，只有将特长技术与全面技术相结合，运动员才能在训练和比赛中取得最佳效果。

2.处理好运动负荷与技术训练的关系

在进行乒乓球技术训练时必须严格遵循适宜负荷原则，以保证训练的科学性和有效性。乒乓球运动作为一项技能主导类项目，对运动员的灵敏素质提出了极高的要求。因此，在技术训练过程中应重点加强对运动员神经肌肉系统感觉能力的针对性训练，以进一步提升其技术水平和竞技能力。同时，还必须高度警惕运动员可能出现的过度疲劳现象，以免对其肌肉感觉产生不良影响。通过合理安排训练强度和休息时间，确保运动员保持良好的竞技状态，同时避免过度训练带来的伤害。

二、现代乒乓球运动技战术科学训练的新理念

（一）训练方法手段的科学性

为了深入探索乒乓球运动科学训练的内在机理，必须寻求更加科学的训练方法和手段。在选择训练手段时，教练员应基于科学训练的基本原则，充分考量运动员的个体差异以及技术、战术特性，实施具有针对性的训练策略，以最大限度地发挥运动员的潜能。针对关键性技术，应进行反复且精细化的训练，直至将其转化为运动员的特长技术，成为竞技场上的制胜利器。

在训练方法的选择上，应当广泛采纳诸如模式训练法、程序训练法等多种科学手段，从而实现由经验层面至科学层面的跃升，并对整个训练过程实施精准细致的调控。对于训练中涌现的各类问题，需运用科学的方法和评估手段进行深度剖析，积极寻求有效的解决策略。此外，借助先进的训练器材和仪器可以对训练过程进行定量化评估，精准搜集各方面数据，为乒乓球技术的改进、战术的创新、比赛策略的制定以及恢复训练的实施提供坚实有力的数据支撑。此举将有助于提升训练过程的可控性和科学化水平，推动乒乓球运动持续健康发展，为运动员的竞技表现奠定稳固基础。

（二）训练过程的科学监控

乒乓球运动训练过程的科学监控是提升训练效果的核心环节。其中，全面把控训练计划，涵盖训练目标设定、任务合理分配、方法科学选择、思路系统梳理、全局战略规划以及专项训练细化等多个维度，是保证训练效果的基础。同时，对训练负荷量和强度的精准调控亦尤为关键。

鉴于科技的飞速进步以及对训练理论的深入研究，运动训练负荷已逐渐从片面追求大运动量向更加注重大强度的方向转变，特别是在提升训练效果方面，强度训练的核心地位日益凸显。在推行大强度训练策略时，需遵循两大基本原则：第一，必须确保运动负荷的专项性与比赛需求高度契合，并充分考虑运动员的实际训练水平；第二，紧密结合乒乓球运动的能量供应特性，科学合理地安排技战术训练负荷，以期实现训练效益的最优化。

在乒乓球训练的不同阶段，负荷量与强度的调整策略应有所区别。在掌握新技术阶段，应适当减少负荷量与降低强度，以减轻运动员的身体负担；在发展运动技能阶段则需逐步提高负荷量与强度，以促进运动员的体能和技能发展；在提升动作对抗性和熟练度阶段，应增大负荷强度，同时适当减少负荷量，以强化运动员的竞技能力；在战术训练阶段则应根据不同战术的特点灵活调整负荷安排，以提高战术运用的实效性。

在制订身体训练计划时要依据运动员的个体差异与实际情况，审慎且合理地安排负荷量与强度。从负荷特征的角度审视，身体训练可划分为以增大负荷强度为主导和以增加负荷量为主导两种类型。在确定训练方式时必须充分考量训练目标以及运动员自身的特质，从而做出最为适宜的选择。致力于提升运动员的绝对力量时通常采用高负荷强度、低负荷量的训练方法，以期实现训练效果的最大化。

此外，运动员在竞技场上常面临巨大的心理压力和情绪波动，这些因素对运动员的竞技表现产生重要影响。因此，在日常训练中，加强运动员心理素质的培养和训练显得尤为重要。通过心理训练，运动员可以学会有效调控自身情绪，增强自信心和必胜信念，保持情绪稳定，在比赛中发挥出最佳水平。

针对乒乓球训练的科学监控工作，训练后的恢复环节同样举足轻重。为了保证运动员能够顺利实现超量恢复，必须对恢复理论及其原理进行深入的研究，高度关注恢复手段的合理选择及科学应用，为运动员的恢复过程提供坚实保障。

在理论研究层面，应积极探索运动员疲劳产生的深层次机理以及恢复机制，以明确何种运动量和负荷训练能够最大限度地诱发疲劳状态。还应致力于研究何种恢复手段能够产生最佳的超量恢复效果，为运动员的恢复提供科学指导。

在恢复手段方面，应秉持综合施策、多措并举的原则，综合运用多种训练方法和技术手段，以实现运动员的全面恢复和体能储备。通过科学、合理的恢复手段可以有效提升运动员的恢复效果，为其在后续的训练和比赛中取得优异成绩奠定坚实基础。

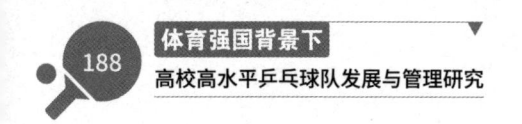

（三）加强心理训练

在现代竞技比赛中，由于比赛形式的日益复杂化和激烈化，运动员所承受的压力也在不断增加。尽管许多运动员在体能和技能方面已达到相当高的水平，但在实际比赛中，尤其是在关键的决赛阶段，失利的情况仍然时有发生。当双方运动员的技术水平趋于接近时，心理能力便成为决定胜负的关键因素之一。因此，心理素质在运动员的综合参赛能力中占据着举足轻重的地位。为提高运动员的心理能力，心理训练应当被视为日常训练与生活中不可或缺的重要环节，并与其他各类训练相互融合、相互促进。通过长期的坚持与努力，逐步培养运动员的稳定心态和出色的心理素质，从而为其在赛场上取得优异成绩提供有力保障。

（四）高效率、多因素的全面训练

乒乓球传统训练方法往往以单一的练习为核心，导致训练内容显得零散而缺乏整体性。训练者需要在不同的时间段分别专注于不同的训练部分，随后还需投入大量时间对这些独立的训练元素进行整合和转化，从而造成了人力资源、物资以及时间成本的显著浪费。此外，这种单一的训练模式使得训练者在力量、速度等体能方面的提升各自独立，难以形成有效的协同作用，进一步导致大脑皮层的兴奋点呈现出较为单一和局部的特点。

相比之下，高效的多因素全面训练模式具有显著优势。它在一个训练手段中融入多种训练因素，使每次练习都能对神经系统产生多方面的刺激。这种训练方法不仅能直接提升专项技能，还能有效避免烦琐的组合与转化过程，从而极大地提高训练效率。

（五）技战术创新

创新是现代乒乓球运动科学训练持续进步的核心驱动力。为了推动乒乓球运动的更快、更全面发展，必须从乒乓球技术、战术等多个层面展开科学且系统的创新工作，将这些创新成果切实融入日常训练实践中。在现代乒乓球训练的环境中，首要且至关重要的任务是不断推陈出新，优化乒乓球技术动作，紧随其后的是对战术配合进行创新与改进。技术创新作为战术创新的基石和支撑，唯有通过持续的技术创新，才能在各种复杂多变的比赛情境中灵活、高效地运用新技术，进一步提升技术动作使用的可靠性与精确性，为乒乓球运动的长远发展奠定坚实基础。

第四节　博弈视角下高水平乒乓球运动员战术运用能力培养

一、在不同情况下乒乓球战术的运用

（一）比分相持的情况下

当双方运动员的技战术水平相近时，往往会看到他们在比赛中表现出色，比分未能拉开较大差距。在这种情况下，比赛进入了一种僵持状态，双方运动员相互制约，难以打破僵局。在这个阶段，运动员需要保持冷静和坚定的信念，充分发挥自己的技术和战术优势，果断行动，顽强拼搏。同时还需要敏锐地捕捉对手的弱点，及时调整战术，打破比赛的僵局。

通过巧妙的战术布局和坚韧不拔的意志品质，运动员可以逐渐摆脱困境，取得比赛中的优势。他们需要在比赛中展现出高超的技术和战术水平以及出色的意志品质，在关键时刻打破僵局，实现比分的反超。

（二）比分有优势的情况下

在比分领先的情况下需以沉稳的心态应对比赛，切忌得意忘形，仓促调整，以免失去来之不易的优势。应坚守既定的战术策略，稳扎稳打，继续寻求突破。当对手因比分落后而可能改变原有战术，采取更为冒险的进攻方式时必须敏锐洞察其战术变动，依据对方发球的特性，如不转球、上旋球或长球等，灵活调整自身的战术布局。

面对处于落后状态的对手，应着重于破坏其攻击意图，在保持领先的同时，始终保持稳定的心理状态。在进攻与挑打方面，需展现出大胆进取的姿态，切忌轻视对手。应通过持续运用有效的战术手段，逐步扩大比分差距，削弱对手的信心，掌控比赛的节奏，取得最终的胜利。

针对频繁采用侧身打法的对手，应迅速调整应对策略，打乱其比赛节奏。当对手在相持阶段展现出强大的发力能力时应增强自身的控制力，增加对方发力进攻的难度，争取在对方发力之前率先发起攻击，以影响其斗志。

（三）比分处于劣势的情况下

在竞赛过程中，一旦对方得分超越我方，形成我方比分落后的不利局面，我方运动员须保持冷静与镇定，有效克服可能出现的焦虑情绪。此刻，应深入分析比赛形势，细致研究对手的击球策略及其存在的漏洞，展现坚韧不拔的竞技风貌。在坚定信念的支撑下，冷静剖析比赛局势，精准把握当前主要矛盾，果断调整战术布局。针对对手的薄弱环节应采取具有针对性的发球策略，实施精准有效的攻击。通过成功处理关键球，如精准接应小球、巧妙变换回球落点等手段有望扭转比赛的不利局面。例如，针对对手在接右手球时速度较慢的特点，我方运动员可针对性地发出速度较快的右手球，通过得分逐步扭转比赛态势。战术的调整将有效打乱对方的进攻节奏，我方运动员应充分利用发球机会，积极发起抢攻，在一定程度上扰乱对手的攻势，改变我方被动的比赛状态，以争取比赛的最终胜利。

二、博弈视角下乒乓球战术运用能力的提升

（一）11分制下乒乓球战术的应用

面对11分制的竞技环境，运动员需迅速进入竞技状态，在深刻理解对手的基础上充分发挥个人特长，以灵活多变的个人战术为主导。

在技术执行层面，精确性变得尤为关键，减少失分显得至关重要。相较于21分制，运动员在11分制下无法再采用试探性打法，需在比赛初期即展现竞技实力。尤其在比分达到7、8分时，比赛已逐渐进入尾声，要求运动员在有限的时间内迅速做出决策。

在11分制的比赛中，5~8分是比赛的关键阶段，运动员须在此阶段实施最为有效的战术。具体而言，运动员可根据对手特点，灵活运用以长打短、以长打长或以短打短的策略，适当加强攻击，为赢得该局奠定坚实基础。当比分达到9分后，比赛进入收官阶段，运动员需根据场上形势，灵活调整打法，既可选择大胆进攻，也可选择巧妙应变。

值得注意的是，在11分制中，9∶10或10∶10的胶着状态较为常见，这对运动员的心理素质和技战术水平提出了更高的要求。运动员需特别关注此类比分的处理，保持高度集中，对每一球都进行精确算计。唯有如此，才能在激烈的竞争中赢得胜利，疏忽则可能导致满盘皆输。因此，运动员必须充分准备，以应对11分制带来的种种挑战。

（二）大球时代乒乓球战术的应用

在小球时代，由于球径仅为38毫米，球速显著加快，导致比赛回合数明显减少，因此战术的简化成为不可避免的趋势。然而，随着球径增至40毫米，球的旋转与速度特性发生显著变化，使接球率得以提升。在此背景下，战术的灵活多变将成为决定比赛胜负的重要因素之一。在比赛中，保持对峙状态可以形成暂时的平衡，但一旦有选手能够打破这种平衡，便能够迅速占据主动地位。

对于运动员而言，能够根据实际对手情况灵活调整策略是提升战术运用能力的关键要素。随着旋转速度的逐渐降低，率先展开进攻的机会也相应增多。在球速与旋转速度减缓的情境下，运动员主动施加力量以及击球落点的灵活变化将成为战术运用的核心环节。单纯依赖单一或特长战术来获取胜利的比重正在逐步减少，而接发球抢攻、左推右攻等多样化的战术手段在比赛中的地位和作用日益凸显，成为制胜的重要因素。因此，运动员需积极适应球径变化带来的新挑战，通过灵活多变的战术运用来争取比赛胜利。还需加强技战术训练和实战演练，以不断提升应对不同对手和比赛场景的能力，从而在激烈的竞技中取得优势。

（三）无遮挡发球情况下乒乓球战术的应用

1.接发球抢攻战术的应用

自无遮挡发球规则实施以来，接发球方得以更精准地辨识对方发球的旋转、速度与质量，为其调整接发球策略提供了宝贵的时机。在此背景下，接发球方的进攻技能、击球质量以及变化能力均应得到相应的提升。

为提高比赛的竞技水平，接发球手段不应局限于传统的被动式摆短，而应积极探索并应用进攻型手段，如主动劈长等，并结合摆短策略，力求直接得分。此外，接发球技术与发球技术的重要性相当，二者之间的衔接应更加自然流畅，共同构成一个协调统一的战术体系。

2.发球抢攻战术的应用

在执行无遮挡发球策略时，如果能对发球的旋转情况作出精准判断，则应立即采取积极主动的进攻手段，诸如接发球抢攻等，显著增加挑打、抢拉等技术的运用频次。在发球抢攻环节中应灵活调整主攻方向，由原先主要抢拉下旋球转变为抢拉上旋球，以此争取直接得分，此举标志着发球抢攻战术的重大变革。

第七章

高校高水平乒乓球队科学管理理论与方法

随着高校体育的蓬勃发展，越来越多的高校开始组建高水平乒乓球队，旨在培养优秀的乒乓球人才，推动校园体育文化的繁荣，为国家输送高水平的竞技选手。然而，如何对这样的高水平乒乓球队进行科学管理，以保证其健康、有序、高效地发展成为摆在我们面前的一个重要课题。

第一节 高校高水平乒乓球队管理的概念与意义

一、高校高水平乒乓球队管理的概念

（一）高校高水平乒乓球队管理的定义

高校高水平乒乓球队的管理是将管理学原理与体育管理的特定需求相结合的过程。针对高校组建的乒乓球队，通过发挥决策、组织、领导、控制和创新等核心职能，对运动队的活动进行协调，以达成既定的目标。简而言

之，这是一个为达成高校高水平乒乓球队发展的目标，而持续提升运动队活动效率与效果的综合活动，涵盖了决策制定、组织架构、领导力发挥、过程监控以及创新实践等多个方面。

（二）高校高水平乒乓球队管理的职能

1.计划职能

计划职能在管理中占据核心地位，其他管理职能皆源自此。具体而言，计划职能涵盖了一系列关键步骤。

第一，通过科学预测来设定明确的决策目标。

第二，对这些目标进行细致分解，合理配置人力、财力和物力资源。

第三，制定实施步骤和方法，设计相应的策略。

在这一过程中，计划职能实际上包含了目标设定、预测分析、方案拟定、方案优选、计划制订、预算编制以及政策确立等多个重要环节。

2.组织职能

组织职能在管理中占据重要地位，它致力于确保决策目标得以达成和计划得以顺利执行。具体而言，组织职能包含两个层面的内涵。

第一，它涉及为实现目标而设计的组织结构及其表现形式，旨在构建一个高效、有序的工作框架。

第二，组织职能还涵盖了资源的有效配置，包括人员、资金、物资、时间以及信息等关键要素的合理调配与管理。通过这些措施，组织职能为组织的稳定运作和持续发展提供了坚实保障。

3.控制职能

控制职能是管理人员为保证实际工作与计划目标保持一致所采取的一系列管理行动，这一职能在现代管理体系中具有至关重要的地位。控制职能的实现形式多种多样，包括但不限于事前预防、事中监控及事后评估等。

4.协调职能

协调职能是指借助多元化的手段,促使管理人员妥善运用计划、组织、控制等管理职能,进而实现管理目标。协调职能主要着眼于理顺管理关系、界定职权边界以及制定管理规范等核心工作。

二、高校高水平乒乓球队管理的意义

概括来说,高校高水平乒乓球队管理的意义主要体现在以下几方面。

(一)提高管理工作效率的需要

高校高水平乒乓球队的管理理论根源在于对体育管理工作的深入实践。这些实践经过细致的总结与分析,最终提炼为系统的理论。运动队的管理过程实质上是一个不断实践、不断完善体育管理理论的过程。同时,这些经过实践验证的理论,又反过来为运动队的管理工作提供明确的指导。实践表明,运动队的管理工作若缺乏理论的指导,将难以取得理想的成效。理论通过实践的检验,也能进一步确保其正确性与有效性。

(二)加强体育管理人才培养的需要

体育与科技之间的竞争本质为人才的竞争。在体育这一领域中,管理人才无疑构成了体育人才队伍的关键一环,发挥着举足轻重的作用。一个单位或部门的管理者的能力与素质,特别是领导者的水平,往往直接关系到该单位或部门的工作成效以及未来的发展前景。因此,必须高度重视体育管理人才的培养与发展,以提升体育领域的整体竞争力。

近年来,我国在高校体育管理人才队伍建设方面取得了显著成就,队伍整体素质得到了显著提升。但也应清醒地认识到,当前体育管理人才队伍中仍存在着诸多亟待解决的问题。部分人员思想素质有待提升,缺乏强烈的事业心；一些人员文化水平相对较低，缺乏系统的专业学习经历；更有部分人员未能深入学习和掌握体育管理的理论与知识，这在一定程度上限制了他们适应未来社会科技高度发展的能力。

第二节　高校高水平乒乓球队管理的原理与方法

一、高校高水平乒乓球队管理的原理

高校高水平乒乓球队的管理应遵循现代管理理论中的基本原则，包括：系统原理，它强调对管理对象的全面把握；动态原理，它关注管理过程的灵活性和适应性；效益原理，它追求管理的最终效果和利益。这三个原理在管理实践中相互关联、相互制约，共同构成了一个完整的现代管理原理体系，为高校高水平乒乓球队的管理提供了有力的理论支撑。

（一）系统原理

系统原理旨在达成系统设定的目标，它建立在系统理论的基础上，通过对管理对象进行系统化分析，深入提炼其内在规律。这一原理的理论基石源于系统理论的整体效应观念。根据这一观念，当系统中的各个要素经过科学合理的整合与有序排列形成一个全新的有机整体时，其所展现出的功能、特性及行为等将远非各要素在孤立状态下简单叠加所能比拟，从而产生显著的放大效应，实现"1+1>2"的效果。此外，系统的规模与结构的复杂性与其放大功能的潜力呈正相关，即系统规模越大、结构越复杂，其放大功能的潜力也越大。为实现这种功能的放大效应，必须依托科学的管理手段进行精准调控，从而保证系统能够高效、稳定地运行，并实现既定的目标。

系统原理主要应注意以下几方面。

1.应把握系统的整体性

在管理工作的推进过程中需以整体规划为基石，保证明确的分工，在此基础上实现高效的综合。具体来说，要全面把握系统的总体目标、所需条件及其所处的环境，从全局出发，细致落实各项任务，保证各方协同配合，实现整体利益的最大化。

从系统目标的整体视角来看，局部与整体之间存在着复杂而微妙的联系和相互作用。在大多数情况下，局部与整体的利益是一致的，对局部的优化也能促进整体的进步。但在某些情况下二者可能会产生冲突。在这种情况下，局部利益必须服从于整体利益，以保证系统的和谐与稳定。

从系统功能的整体性角度来看，系统的整体功能并非其各组成部分功能的简单叠加，而是应该超越各部分功能之和，实现质的飞跃。这意味着系统内部各要素的功能必须服从于系统的整体功能，否则将削弱整体功能，导致系统功能无法充分发挥。

2.应使管理系统内部相对封闭

在系统内部管理层面上，封闭性的维护至关重要，这是确保内部运作秩序井然、稳定可靠的基石。对于系统外部而言，保持开放性则成为不可或缺的要素，这是促进人员、资金、物资、时间、信息等各类资源顺畅流通、有效共享的必要条件。这种封闭性并非全局性的，而是局限于系统内部管理范畴之内，旨在通过构建严密的管理体系，提升内部管理的有效性和高效性。正如电线需要形成闭合回路，电子方能流动并产生电流，若管理缺失了必要的封闭性，将无法构筑起稳健可靠的管理系统，更难以达到预期的管理效果。因此，在管理实践中，必须在以下方面深入实施封闭管理策略。

（1）管理的组织机构要形成有效的封闭

为了确保管理活动的有效性，管理组织结构的设计应包含四个关键部门：决策部门、执行部门、监督部门和反馈部门。决策部门是管理流程的起点，负责制定并发布具有指导性的政策和指令。这些指令将同时传递给执行部门和监督部门。执行部门的职责是确保政策和指令得到有效实施，而监督部门则负责对执行部门的工作进行严格监控,以确保决策部门的指令得到正确执行。反馈部门的任务是公正地评估执行结果,并将评估后的反馈信息及时传递给决策部门。决策部门在接收到这些反馈后,会进行深入分析,据此调整和优化策略,以形成有效的管理循环。这样,决策部门就能不断更新和发布新的指令,推动管理活动朝着既定目标稳步发展。

(2)管理的法规、制度必须封闭

法律体系若缺乏完整性,漏洞频现,则等同于无法可依。因此,不仅要确立执行法,更要建立监督法和反馈法,还需设立处理矛盾的仲裁法以及解决纠纷的处理法。立法虽重要,但如果缺乏司法的支持,一旦出现违法行为,将无人能够审理,这恰恰是法律体系不完整的体现。从系统内部运作来看,所有的规章制度都应形成一个闭环回路。例如,实施责任制时,应通过奖惩机制来确保其完整性;在晋升制度中应以考核评估来形成闭环。

(3)管理中的人必须是封闭的

在管理体系中,人员的封闭性管理至关重要,主要体现在各层级之间的明确划分与责任落实。每一层级均对其上一层级负责,形成层层递进、相互支撑的责任体系。在这种体系下,权力、责任和利益之间应达到平衡和一致,保证各层级在行使权力的同时也承担相应的责任,获得相应的利益。

为了使管理体系高效运转,各层级之间应建立相互制约的机制,形成有效的权力制衡。资金、信息等其他关键资源在管理体系中也应实现有效的循环和利用,这同样需要依赖于封闭式的管理模式。这种模式能够为组织的稳健发展提供有力支撑。

(二)动态原理

动态原理是管理实践中至关重要的理念,它强调对管理对象的变化态势进行密切关注与精准把握,根据实际情况灵活调整管理过程的各个环节。鉴于管理对象如人员、财务、物资、时间、信息等均呈现出持续演变与发展的特点,计划、组织、控制、协调等管理环节也需相应地进行适应性调整。这种灵活应变的管理方式,有助于确保管理目标的顺利达成,实现整体管理效能的最优化。

在应用动态原理时应注意以下几方面。

1.运用反馈对管理过程进行有效的控制

反馈机制指的是系统发送信息后能够接收并评估其影响，进而调整未来的信息输出，从而实现对整个系统的调控。在管理体系中，反馈控制是通过不断的信息反馈来引导和修正行为，使之逐步趋近于既定的管理目标。管理的成效在很大程度上取决于反馈机制的连续性和有效性。

在实施控制的过程中，运用反馈原则通常会产生两种截然不同的效应。其一，当系统接收到的输入信号导致输出信号偏离预定目标，且这种偏离趋势在反馈机制的作用下被进一步放大时称之为正反馈现象。在这种情形下，系统可能呈现出不稳定的状态。其二，当反馈机制能够有效地削弱输入信号对输出信号的影响，促使系统逐步回归至预定目标状态，则称之为负反馈现象，这一现象在体育管理领域中尤为显著。

反馈与控制是互为依存、相互促进的。缺乏反馈机制，控制将失去明确的指向；而缺乏控制手段，反馈则失去了其存在的价值。二者均离不开信息的支撑，信息是控制得以实施的基础，而所有信息的传递均旨在实现有效的控制。因此，为了通过反馈机制实现高效且精准的控制，必须使反馈机制具备高度的灵敏性、准确性及有效性。

2.在管理过程中要保持一定的弹性

鉴于管理环境固有的复杂性与不确定性，管理者在决策及执行过程中需确保适度余地与灵活性的存在，以有效应对潜在的各种变数，此即弹性原则之实质。在实际操作中，若管理策略展现出较大的弹性空间，则其对于环境变化的适应性将更为优越，但此举可能在一定程度上牺牲策略的原则性；反之，若弹性空间较小，则管理策略将更能坚守原则，但相应地，其适应环境变化的能力可能相对较弱。因此，弹性原则的应用需依据具体的管理层次、对象及目标进行灵活调整，并无固定不变之标准。在管理工作实践中，既要重视局部问题上的弹性处理，也需要统筹兼顾整体策略层面的弹性安排。

（三）效益原理

效益原理作为管理工作的一项基本指导原则，其目标在于提升效益，要求所有管理活动紧密围绕此核心目标展开。为实现此目标，需科学、高效地调配和利用人员、资金、物资、时间以及信息等各项资源，旨在提升社会和经济效益。此即为效益原理所揭示的管理工作的基本规律。

效益的核心在于产出与投入之间的比例关系，这个比例关系可以从社会和经济两个不同的视角来评估。社会效益与经济效益是相互联系且具有各自独特性的两个概念。经济效益是实现社会效益的基础，对提高社会效益起着至关重要的作用；而追求社会效益也是促进经济效益增长的关键因素。两者的不同之处在于，经济效益的评估更为直接和明显，可以通过多种经济指标进行量化分析；相比之下，社会效益的评估过程则更为复杂，不易直接量化，通常需要通过其他间接手段来进行评估。在体育管理领域，应当将追求经济效益与社会效益的目标结合起来，不仅要关注经济效益的增长，还要考虑到社会效益的实现，以确保整体效益的最大化。通过这种综合考量，可以更全面地评估和提升体育管理的效益。

1.效益原理的依据

效益原理以价值工程作为理论依据，该理论致力于探讨技术经济效益的科学内涵。作为一种行之有效的方法论，价值工程强调技术与经济的有机统一，以实现最佳的综合效益。在组织管理活动中，既要注重实施策略的制定，也要充分考虑经济成本的投入。其中，实施策略属于技术层面的考量，而经济成本则涉及经济维度的权衡。

从经营管理的角度出发，必须将提升产品与工作成果的功能性置于首要地位，以满足社会不断增长的需求和市场日益增长的期望。同时，还应高度重视资源的有效利用，力求减少浪费，从而降低运营成本。这两大方面不仅是提升技术经济效益的核心要素，更是评判经营成功与否的关键指标。

为了进一步提升管理工作的效益，必须深入研究和分析所投入的成本与所产生的效能之间的关系。通过科学、理性的成本管理，优化资源配置，提高管理活动的整体效能，从而实现管理工作价值的最大化。

2.效益的评价

效益评价是一项复杂且多维度的任务，因此并不存在一个普遍适用的绝对评价标准。不同的评价主体、评价方法和评价标准均可能得出差异化的结论，甚至可能截然相反。有效的管理要求我们在效益评价过程中必须坚守公正性和客观性，因为评价结果对组织追求效益的方向具有直接的引导作用。

一般而言，领导的评价因其所具备的权威性和全局性特点，往往具有较广泛的影响力。然而，这种评价方式可能在细致和具体的分析方面稍显不足。相对而言，群众评价通常较为公正，但可能需要投入更多的时间和资源来确保评价的全面性和准确性。而专家评价则可能过分聚焦于技术细节和直接效益，从而忽视了对间接效益的考量。因此，在效益评价过程中应综合运用各种评价方法，充分发挥其各自的优势，并努力弥补其不足，从而得出更加客观、公正的评价结果。这样有助于为组织提供更为准确、全面的效益评价依据，促进组织的健康、可持续发展。

综上所述，上述三大原理彼此关联、相互制约，共同构成了一个完整统一的管理体系。

二、高校高水平乒乓球队管理的基本方法

（一）行政方法

行政方法是一种常见管理方式，它依赖于行政组织的权威，采用多种行政工具，并遵循行政体系的规范来执行管理任务。这种方法的核心在于利用行政组织内部的职位结构进行有组织的管理，特别强调职责、权力和职位的重要性。在行政管理体系的实际操作中，经常使用命令、指示、规章和决议等行政工具来实现管理目标。

行政方法基于一种层级结构，上级发布命令，下级执行命令。其执行过程通常包括四个主要步骤：发布命令、执行命令、监督检查和调整处理。这些步骤严格按照行政层级划分进行，以确保行政管理的有序和效率。

（二）法律方法

法律作为国家制定或认可的行为规范的总和，充分反映了统治阶级的意志，以国家强制力作为其坚实后盾，以使其得到严格执行。在法律方法中，特指利用法律、法令、条例、规章等体育相关法规，对各类体育关系进行调控，进而推动体育事业稳步前进。这一方法的精髓在于，不仅需构建并完善法规体系，同时也需要辅以有效的司法和仲裁机制。两者相辅相成，互为支撑，缺一不可。

司法工作的本质是国家司法机构依据法律法规，对各种争议和案件进行公正的审理。在执行法律职责时，司法机关始终遵循"法律至上，事实为证"的根本原则，通过司法裁决来确保法律的有效实施，杜绝非法行为，恢复社会正义，并给予违法者适当的惩罚。这样做的目的是维护法律的威严，同时对公众进行教育。司法制裁通常包括两种形式：经济制裁和刑事制裁。经济制裁涉及对违法者进行罚款或其他财产性惩罚，而刑事制裁则包括对违法者施加刑事责任，如监禁或社区服务等。

仲裁也称之为公断，是一种解决组织或个人间争议的方式。当双方协商无果时可申请仲裁人或仲裁机构作为中立第三方进行裁断。从性质上界定，仲裁隶属于行政活动领域，而非司法审判范畴。因此，如果仲裁裁决未能得到当事人自觉履行，仲裁机构无权强制执行，需寻求法院介入以维护裁决的权威性和有效性。

（三）经济方法

经济方法作为一种重要的管理手段，其根本目的在于根据客观存在的经济规律，科学合理地运用各类经济工具，从而有效协调不同经济主体之间的利益关系，最终实现既定的管理目标。在此策略框架下，经济工具可细分为宏观经济工具和微观经济工具两大类别，以满足不同层面、不同维度的管理需求。

宏观经济工具，诸如价格调控、税收调整以及信贷政策等，对整体经济环境产生深远且广泛的影响，是调控经济运行的重要手段。

相对而言，微观经济工具则更加具体和直接，如工资管理、奖金激励、罚款惩罚和经济合同等，它们直接作用于具体的经济单位，对于激发企业活力、提高生产效率具有显著作用。

这两大类别的经济工具在各自领域内发挥着独特的作用，共同构成了经济方法的重要组成部分，为实现经济的稳健发展和优化管理提供了有力支撑。

（四）宣传教育方法

宣传教育方法是通过宣传与教育等途径，引导个体及群体围绕共同目标展开行动的一种有效手段。相较于其他管理方法，宣传教育方法具备以下显著特点。

1.先行性

任何管理方法的实施和管理决策的制定均须经过宣传与教育这一关键环节。通过宣传教育，管理对象能够全面、深入地理解相关管理内容，并主动思考如何配合执行。此外，在决策实施前，宣传教育能够预测并识别人们可能出现的各类反应，进而制定针对性的宣传教育策略，旨在强化正面效果，同时有效抑制潜在的不良影响。这一过程确保了管理的顺利推进和目标的顺利实现。

2.滞后性

这一特性在思想教育中占据着至关重要的地位。鉴于个体的思想认识往往是对客观现实的直接反映，思想教育的大部分工作常常是在事件发生后或某些初步迹象显现之时开展的。这种滞后性的特点要求管理者必须坚持以事实为基石，通过科学、精准的分析，深入剖析已发生的问题，以逻辑严谨、论据充分的论述，说服和教育他人。唯有如此，思想教育才能切实落地生根，进而有效激发人们的内在潜能和动力，推动思想教育深入发展和取得实效。

3.灵活性

人类的思想动态多变，且受多种因素共同影响。鉴于不同时期及不同管理对象的思想根源、性格特征、价值取向及需求各异，宣传教育工作必须灵活应对，因时因人制宜，精准定位宣传教育的内容与重心，巧妙选择宣传教育的形式与手段，以保证宣传教育工作的有效性及针对性。

4.疏导性

进行宣传教育时必须情感真挚、道理清晰，以激发个体的自觉性。对于思想问题，采取回避或压制的方式非但无效，反而可能加剧矛盾。只有顺应形势、引导发展，才能提高宣传教育效果。

第三节　高校高水平乒乓球队组织管理的实施

运动队管理者在组织设计的过程中除了掌握通用原理和方法外，还需从动态视角审视"组织"在执行体育目标任务中的作用。透过在运行与操作层面深入剖析"组织"的构成与运作机制，以保证高校高水平乒乓球队的组织实施达到既定目标。这一实施过程涵盖了人员配置、工作规范设立、权力分配及总体指挥等多个关键环节。

一、配备人员

根据体育目标与计划以及组织机构的职位设置、工作任务的性质与规模以及业务工作量对组织系统内部的人力资源进行全面的统筹与配置,以保证人员配备的合理性。这一环节是组织实施过程中的核心任务之一,因为缺乏能够足够胜任工作的执行人员将难以有效地推进体育目标计划的实施,进而使得管理任务难以圆满完成。

关于人员配置的总要求为:紧密结合目标任务,全面考量实际需求与可行性,坚持择优选拔,保证能力与岗位相匹配,力求人员配置精简高效。在体育领域的人员配置上,涵盖了数量与质量两个维度。数量配置旨在保证人力资源充足;而质量配置则注重所配置人员的工作能力,保证他们充分胜任所承担的工作职责,明确需要何种类型的人才。

人员的数量配备应注意以下几点。

第一,需要以各类人员的工作定额为基准计算人员的配备数量。所谓工作定额,指的是在特定时间段内对工作效率和质量所规定的具体指标。在执行训练计划的各个环节中,无论是领导干部还是其他工作人员,都应当设定合理的工作定额。尽管运动队管理人员的工作具有一定的复杂性和不确定性,但仍需制定相对精确的工作指标。同时,各类人员的配备数量应基于其承担的工作总量与工作定额之间的比例关系来确定。

第二,要深入理解和把握事(任务)、人、钱、物之间的比例关系。任何体育组织与部门为了达成既定目标,均须建立相应的组织架构并配备适当的人员。同时必须筹集到充足的资金,并采购必要的设备以及消耗品。在实施过程中,事(任务)将作为核心,与人员、资金、物资形成复杂的相互关系,这种关系遵循着特定的比例规律。在确定人员配置时,这种规律性的比例关系是不可忽视的。此外,这种比例关系也体现在"人"的内部配置上,不同工种、职类之间的人数分配同样遵循着一定的比例规律。因此,在配置体育人员时也需充分考虑到这种内在的比例关系。

第三,经过对若干同一性质的体育任务、同一类型的体育组织,甚至跨地区的相同任务与组织的实际执行状况进行整理、分析、比较和计算,可以确定人员配备数量的平均值。这一平均值不仅反映了当前的典型水平，也代表了未来发展趋势。因此，这个平均值应当被视为一个先进的、合理的、具有代表性的数值，即平均先进数。这一数值能够在一个地区或多个地区中，向相同性质的体育任务和相同类型的体育组织提供一个相对先进和合理的参考标准。

第四，在人员配置的过程中应充分考虑并尊重各种特点，同时保持一定的平衡。对于体育人员的数量配备，既要充分考虑到不同工作任务之间的差异性，也要兼顾各地区、部门之间的实际情况，实行区别对待的原则。在实施计划的过程中，由于业务量的多少、难易程度的差异以及活动范围的广狭、远近的不同，人员配备数量上必然存在一定的差异。然而在关注特点、承认差异的同时也要注重保持适当的平衡，确保各地区、组织、部门及工种之间的人员配置数量不至于出现过大差异。

二、建立工作规范

作为人类行为所必须遵循的一般性准则，规范对于管理工作的有序进行至关重要。常见的规范形式包括条例、守则、制度、须知及程序等。这些规范不仅是对体育管理实践经验的科学总结，更是管理活动客观规律的体现，为管理组织的优化运行提供了基本保障。规范的主要作用在于对各种管理关系进行制度化和固定化，包括人与人之间的关系以及人与物之间的关系。通过促进人、财、物、信息的合理组织，将组织活动纳入明确的目标计划轨道，从而保证组织系统能够有序、有步骤地运行。在此过程中，明确各类岗位职责、制定工作流程及建立完善的考核与奖惩制度显得尤为重要。

（一）明确各部门的基本职责及其工作范围

基本职责是指个体或组织所承担的具体任务和工作内容，它界定了工作的范围和界限。为保证目标计划的顺利实现，需要在各部门间进行合理分配，并明确各部门的责任。通过制定责任制，促进各部门之间的分工合作。为了实现这一目标，各部门应积极主动地创造条件，全力以赴地履行自己的职责。在此过程中要强调各部门应自主承担责任，避免将问题推诿给上级或其他部门。在明确职责的过程中必须赋予各部门相应的权力，这样才能保证整个组织的高效运作和目标的顺利实现。

（二）建立岗位责任制

岗位责任制是组织有效运行的关键环节，缺乏责任将导致管理混乱。既然体育组织是为了共同目标和利益而集结的集体，其成员就必须对组织承担相应责任。通过将部门任务和责任细分到各个岗位，形成明确的职责体系，确保每个成员都明确自己的职责，并且不能推卸给他人。在组织内，不同岗位和角色的职责与权力各不相同，因此承担的责任大小也有所不同。岗位责任制是基于每个成员的职责范围和分工层层构建而成，最终落实到每个个体。组织内所有成员的责任总和构成了整个组织活动的内容。以我国运动训练领域的教练员聘任制或教练员责任制为例，这些制度明确规定了教练员的职权和责任，包括指挥训练竞赛、选择助手、选调和调整运动员、处理项目经费、实施奖惩等方面的权力与责任。这种制度使教练员的权力与责任清晰明确，通过聘任合同和奖罚条例的约束以及运动成绩与个人利益的紧密联系，有效激发了教练员的工作积极性，释放了巨大的工作潜力。无数事实证明，岗位责任制有助于将组织目标与个人目标紧密结合，激发成员的工作热情和参与意识，推动组织的持续改革和完善。

（三）制定工作标准和办事程序

为保证工作的有效执行与公正考核，需为各项任务制定明确的衡量标准。这些标准应详细规定任务完成的质量要求、数量指标以及截止时间等要素。此外，对于常规性任务，需制定详细的"办事程序"。该程序应明确列出任务目的、解决问题的步骤、具体负责部门或岗位、必要的手续以及时间限制等。有了这些程序，承办人员可依照规定自行处理，既减轻了领导的负

担，又发挥了办事人员的积极性，从而提高了整体工作的质量和效率。

（四）制定考核与奖惩制度

要保证工作职责、岗位责任及标准的落实，必须建立一套严格而高效的考核与奖惩机制。通过这一机制，能够及时且全面地掌握职责与规定的执行情况，从而实现对组织活动的有效监管。在制定考核制度时应立足实际，科学合理地规划考核内容、方法及时间。同时，根据奖惩制度对考核表现优秀的人员给予适当的奖励，对表现不佳的人员进行必要的惩戒，以激发团队成员的工作热情和积极性。

三、授予权力

任何组织中的部门或岗位，为了有效履行其职责和完成所分配的任务，都必须掌握与其职责相匹配的权力。权力不仅是履行职责的基础，而且是推动工作进展的关键要素。如果部门或岗位所承担的责任重大，那么它们所享有的权力也应相应增大。权力不足和权力过大都可能导致工作效果不佳。

授权作为组织内部的重要环节，是指上级将特定的职责与权力赋予下属的过程。在此过程中，下属在得到适当监督的前提下将拥有处理相关问题的自主决策权。授权者须对被授权者进行必要的指挥与监督，确保其行动与组织目标保持一致；而被授权者则需积极履行向上级报告工作进展及完成既定任务的义务，以确保授权过程的顺利进行。

授权对于提升组织效能至关重要。它有助于领导者从烦琐的日常事务中解脱出来，从而更加专注于重大问题的决策。授权还能够激发下属的潜能，增强他们的工作责任感、自尊心和自信心，进而调动他们的工作积极性。通过独立工作，下属的能力可以得到锻炼和提升。

在实际操作中，授权应当遵循以下几项基本原则。

（一）责任绝对原则

"授权留责"意味着在赋予权力的同时必须承担相应的责任。作为上级管理者，不能简单地将责任分派或委任给下级，而是应当亲自承担。同样，作为中间层次的管理者，虽然可以将上级分派的职责和权力转移给下级，但向上级报告的责任以及对最终结果的负责，仍需由自己承担，不可轻易分派或委任。

（二）权责对等原则

权力与职责应当保持对等关系，这是组织管理中的基本原则。当责任重大而权力较小时，下级在执行职责过程中可能面临需要频繁向上级请示的情况，这在一定程度上削弱了下级的决策能力，导致部分工作实际上由上级来完成。相反，如果权力过大而责任较小，则可能引发瞎指挥和滥用权力的官僚主义现象。这两种情况都不利于组织的高效运作。权责不对等不仅可能导致工作任务无法按时完成，还可能使上级过度干预下级的工作，增加自身负担，影响整体工作效率。因此，确保权力与职责的匹配是维护组织稳定、提升工作效率的关键。

（三）控制原则

在将权力授予下级的过程中，上级授权者需保证统一指挥与有效监督控制得以实施，以保持适当的干预频率。此举是有效授权的前提，因为如果权力过度分散，体育组织系统及其执行体系可能会瓦解，导致计划任务的完成失去必要保障。

（四）目标原则

授权的实施应当紧密围绕预设的目标，并以预期达成的成果为导向。授权的重要理念在于激发下属员工为实现整体目标而承担更多的责任，并为他们提供一种有效的管理工具，以帮助他们顺利完成各项工作任务。因此，在进行授权时，首要任务是明确期望达到的目标，随后再确定为实现这一目标所需赋予的处理问题的权力范围。

（五）边界原则

授权应明确界定其实施范围和层次等级，以保证授权对象清楚了解自身的决策权、权限和责任。他们应掌握相关费用、人员、设备设施和时间等条件，还应了解可应用的政策、方针及其使用限制。此外还需明确在何种情况下需先请示后行动以及在哪些条件下仅需事后报告。只有当权力边界清晰明确时才能达到预期的授权效果，确保被授权者在其职权范围内独立决策，避免不必要的上级介入，从而有效防止权力滥用、越权或侵权现象的发生。

四、总体指挥

总体指挥是对组织从建立到优化的全面过程进行领导和指导的关键环节。有效的总体指挥对组织运行至关重要。在体育工作中，各项业务需要精细且紧密的分工协作，任何环节的失调都可能影响整体进程。因此，建立集中统一的指挥系统是确保任务迅速、高效完成的关键。此外，指挥不仅涉及人力资源、财力资源和物力资源的合理配置，还承担着引导员工行动方向的责任，推动整个实施过程由静态转为动态，向既定目标迈进。

为确保有效的总体指挥，必须做到以下几点。

第一，建立强大、精简、高效的指挥系统，并配备灵敏、迅速的信息网络。

第二，合理行使指挥者所拥有的各种权力，包括法定权力、强制权力、奖励权力、专长权力和个人影响力，深入了解下属情况。

第三，按照组织结构体系统一指挥，避免多头指挥和越级指挥。

第四，亲临现场，解释计划，检查工作，推广经验，发现并解决问题。

上述内容详细阐述了高校高水平乒乓球队在管理过程中组织实施的各个环节。这些工作环节相互依存、互为前提，是达成体育目标不可或缺的组成部分，所以必须以高度的责任感和使命感全力以赴地做好每一项工作。

第四节 高校高水平乒乓球队管理协同模式的科学构建

一、高校高水平乒乓球队管理协同模式的构建依据

高校高水平乒乓球队管理协同模式的构建必须紧密结合社会需求、教育目标、体育精神以及管理要求。因此，其构建的依据可具体细化为以下几个方面。

（一）社会依据

高校高水平运动队的建立与发展，与社会经济的蓬勃发展、文化教育的日益繁荣以及体育事业的快速进步密不可分。自中国实行改革开放政策以来，社会发展的巨大飞跃推动了高等教育与竞技体育的深度融合与协作，竞技体育的焦点也逐渐向高校层面转移。尽管高校高水平运动队经历了长期的发展和经验积累，但当前它们的发展状况与社会发展提出的新要求之间仍然存在一定的差距。为了紧跟时代的步法，满足社会发展的新兴趋势和需求，高校高水平运动队迫切需要采纳前沿的管理思想，构建一个既高效又协调的

管理机制。这样的管理模式将有效帮助缩小现存的发展差距，促进高校运动队更全面地适应社会需求，更好地服务于体育事业的发展，从而确保高校高水平运动队能够与时俱进，持续提升其竞争力和社会影响力。

（二）教育依据

随着我国高等教育国际化步法的不断加快，高校竞技体育的蓬勃发展已然成为大学教育与国际接轨的重要标志之一。当前，众多高校领导层已达成共识，普遍认为高水平运动队的成功建设与发展对于提升学校的国际影响力和地位具有举足轻重的作用。这一举措不仅符合广大师生的共同期待，更是丰富校园文化和文化内涵的必由之路。

大学教育以其丰富的资源和优质的环境，完全具备克服传统竞技体育中专业运动员文化素质不足的能力。因此，逐步构建高水平运动队并积极参与国际竞技体育赛事，不仅符合我国高等教育的发展需求，更是推动教育国际化的重要举措。

鉴于此，构建我国高水平运动队管理协同模式，推动高校竞技体育的持续发展，不仅是社会发展的必然趋势，也是教育进步的内在要求。我们应积极探索和实践，为提升我国高等教育的国际竞争力作出积极贡献。

（三）体育依据

从中国竞技体育体制的变革视角分析，将世界大学生运动会的参赛任务由原国家体委转交给原国家教委，标志着中国体育体制转型迈出了关键的一步。然而，在接手这一新职责的过程中，高校高水平运动队仍需应对众多挑战和问题。尽管中国高校高水平运动队经过多年的发展，正逐步朝着既定的宏伟目标迈进，但在自我发展与完善的过程中遭遇了改革的瓶颈。管理上的矛盾和冲突限制了运动队整体水平的进一步提升。在这种背景下，引入管理协同理论以解决或缓解高水平运动队所面临的内外矛盾显得尤为关键。

管理协同理论是一种创新的管理思想，它基于协同学的基本法则，专注于研究管理对象的协同机制。该理论通过采取综合性的管理策略,旨在促进系统内部各子系统及其组成要素之间的协同整合、互动与合作,以实现系统内部的一致性和互补性。其核心目标是推动系统向更有序和稳定的状态演进,并通过协同效应实现超越单一要素作用之和的整体效益。

对于当前高校高水平运动队所面临的管理挑战,管理协同理论不仅具有现实的指导意义,而且能够作为协调运动队内部各组织要素、整合各方资源的有效工具,从而助力运动队突破发展瓶颈,实现质的飞跃。

二、高校高水平乒乓球队管理协同的内容

（一）目标定位与组织管理的协同

高水平运动队的建设水平深受目标定位与组织管理这两个协同要素的影响,二者作为建设的"无形力量"和"重要抓手",贯穿于高校高水平乒乓球队管理的各个环节。二者的协同关系主要体现在以下两个方面。

1.办队目标与管理体制的协同性

高校高水平运动队的办队宗旨应与世界大学生运动会的宗旨相协调,其管理体制也需与此目标保持一致性。为了实现为国家争取荣誉的宏伟目标,必须提高管理目标的层次,并建立与办队宗旨相匹配的管理体制。

2.办队宗旨与管理制度的协同性

为培养兼具卓越运动技能与深厚文化素养的大学生运动员,应当建立一套切实可行的管理制度与规范。如果缺乏这一制度的坚实保障,则办队宗旨的实现将无从谈起。此外,高水平运动队所承载的国家目标、学校目标以及个人目标之间的协同共进以及组织内部各要素间目标的协同一致均是这种协同关系的具体体现。

（二）招生选拔与人才培养的协同

高校高水平运动队的核心人力资源在于大学生运动员，因此，针对他们的招生选拔和人才培养工作始终是队伍建设的重中之重。在生源竞争日趋激烈的今天，优化招生选拔机制显得尤为重要。招生选拔与人才培养的有机结合是确保大学生运动员全面发展的关键所在。为了实现这一目标，需要重点落实以下三项工作。

第一，致力于积极拓宽生源渠道，针对队伍的发展需求，构建稳固的"人才储备基地"。这些基地可设立于体育系统、中学或体校等场所，以保证能够广泛发掘并吸纳各类优秀人才。还应与基地定期保持沟通，制定并实施一系列支持政策，旨在早期发现并培养具有潜力的运动员，从而为招生工作开辟更多途径。

第二，加大人才培养力度，针对大学生运动员的独特潜力和可塑性，教练员将依据每位运动员的个性化特点制订专门的训练计划，以提升其竞技水平，力求在各类比赛中取得优异成绩。此外，还将进一步强化对运动员的思想政治教育和文化基础知识教育，旨在推动他们在道德品质、智力素养以及身体素质等多个维度实现全面而均衡的发展，从而最终培育出符合社会需求的合格人才。

第三，重视提升教练员的素养与能力。鉴于教练员在高水平运动队中所处的重要地位，其在招生选拔及人才培养环节中发挥着举足轻重的作用。因此，务必采取一系列切实可行、富有成效的措施，旨在全面提升教练员的综合素质。特别要加强对教练员训练和指挥比赛方面的专业能力的培养，以便更好地适应并满足高水平运动队日益增长的训练和竞赛需求，进而推动运动队的整体发展。

（三）项目开发与项目布局的协同

在建设高水平运动队的进程中，项目管理扮演着至关重要的角色。运动队的整体进步与显著成就往往紧密关联于项目的有效开发与合理布局。实际上，项目管理对于高水平运动队取得卓越成绩具有决定性的意义。因此，在运动队的项目开发与布局协同配合方面应着重关注以下两个层面的工作。

第一，项目布局与开发需并行推进。运动队的领导层与教练团队需对本队的综合实力以及学校整体状况进行深入剖析，全面了解并掌握竞争对手的情况以及省内外项目的设置现状，并进行详尽的可行性研究。基于这些深入的分析与研究结果，需科学、合理地规划项目设置与布局，并同步推进新项目的开发工作，以避免出现盲目跟风或一哄而上的现象。

第二，应同时保持传统项目的优势地位和加大新项目的开发力度。对于已布局的传统优势项目，应当坚持持续地开发与创新，以不断巩固和提升其在市场竞争中的优势地位。还应保持敏锐的洞察力，紧密关注项目的最新发展动态，积极寻找并拓展新的增长点。还需善于发掘和培育具有潜力的新项目，以推动整个项目布局的持续优化与升级。

（四）经费筹措与经费利用的协同

高校高水平运动队的建设和运营需要大量资金，因此，有效的资金筹集和使用尤为关键。为了确保资金的筹集和使用遵循"增加收入，减少开支"的原则，形成一个相互依存、相互促进的经济活动循环，可以从以下两个方面着手。

1. 拓宽资金来源

一方面，应主动争取学校方面的资金投入，通过增加财政拨款，确保运动队获得稳定且可靠的资金来源。另一方面，必须深入探索多元化的资金筹措途径，充分依托学校的优势资源及体育特色，与企业、体育俱乐部、行业协会及上级管理部门等建立紧密合作关系，积极争取各方支持，从而实现运动队资金来源的多元化和社会化，为其可持续发展奠定坚实基础。

2. 合理使用资金

鉴于高水平运动队普遍面临资金不足的问题，必须重视资金使用的合理性。特别是对于比赛场地和设备的资金需求，应积极争取单独立项申报，寻找有效的资金解决方案。在日常运营中，运动队应坚持节约原则，倡导艰苦奋斗的精神，在满足正常训练和比赛需求的同时实现资金的合理和高效使用。

（五）训练水平与比赛取胜的协同

从根本上讲，竞技体育的成功离不开两大核心要素的紧密配合：一是训练水平的提升，二是竞技比赛的积极参与。训练，作为比赛的基石和前置条件，是提升竞技实力的必由之路；而比赛，则作为训练的催化剂和检验平台，对于衡量训练成果具有不可替代的作用。从核心竞争力角度审视，训练质量的高水平及比赛成绩的优异共同构成了运动队生存与发展中的支撑。因此，提升训练质量与追求比赛优胜的协同作用，对于高水平运动队而言，不仅是形成竞争优势的关键，更是维持其长期竞争力的核心要素。为实现这一协同效应，我们必须从以下两方面着力推进。

第一，不断提升训练质量。鉴于高水平运动队的训练时间宝贵且有限，必须坚持科学化的训练方法，将其作为运动队训练的指导思想，并全面贯穿于训练的每一个环节。

第二，应努力争取比赛优胜。在竞技体育领域，取得优异成绩始终是最终目标，高水平运动队也不例外。尽管竞技优胜受多种因素影响，但训练水平的提升始终是取得优异成绩的关键所在。为此，运动队应高度重视赛前训练，确保运动员在比赛中达到最佳竞技状态；同时，增加参赛次数，以积累丰富的比赛经验，为取得优异成绩奠定坚实基础。

（六）文化学习与训练比赛的协同

当前，高校高水平运动队的学训矛盾已然成为一项长期的挑战。为了化解这一矛盾，必须致力于协调文化学习与训练比赛之间的平衡关系。为缓解学训矛盾，更好地平衡大学生运动员的文化学习与体育训练，应采取以下三个关键的改进措施。

1.优化时间管理

需要对大学生运动员的学习时间和训练时间进行更加集中和科学的规划。时间是有限的，它是学习与训练之间潜在冲突的核心。通过合理安排时间，可以确保运动员既能有效地进行文化学习，又能满足训练和比赛的需求。

2.强化学习支持

高校已经采取了一些帮助大学生运动员提高学习效果的策略，如设立专门的班级、加强教育引导、提供个性化辅导以及学分减免等。各高校应根据自身情况，积极采用或创新这些策略，以提升运动员的学术成就。

3.迅速应对冲突

由于学习和训练之间的矛盾可能会随时出现，因此高校高水平运动队的管理人员、教练和文化教师需要保持警觉，并提前准备应急方案。这样，一旦发生矛盾，他们可以迅速采取适当的措施来解决问题。

（七）科技创新与科技服务的协同

随着科技的日新月异，竞技体育的训练与比赛正逐步融入众多现代科技成果，彰显出科技与体育的深度融合。科学技术作为推动社会进步的第一生产力，其重要性已得到广泛认同。在这一背景下，高校高水平运动队的教练员和运动员亦受益于科技进步，先进运动设备的应用便是其显著体现。然而，尽管教练员普遍具备科技意识，但受多种因素影响，其科研素质和创新能力尚显不足。这在一定程度上制约了高水平运动队的发展，成为制约运动队持续发展的重要因素。

鉴于此，提升教练员的科研能力并加强运动队的科研服务已成为推动高水平运动队稳步前行的要素。为达成这一目标，应采取扎实且富有成效的举措，以提升教练员的科研素养，确保其能够高效运用现代科技成果，为日常训练与竞技比赛提供坚实的科学支撑。此外，深化科技服务内涵，全面提升运动队的整体科技竞争力，同样是促进高水平运动队实现可持续发展的关键举措。

（八）物质条件开发与利用的协同

物质条件是高水平运动队进行训练与竞赛所不可或缺的坚实基石，其内容涵盖了硬件设施设备等诸多方面。尽管随着大学招生规模的不断扩张，高等学校的体育设施条件得到了显著的改善，但现有条件仍然未能充分满足体育教学、训练与竞赛的实际需求。尤为突出的是，高水平运动队的训练与竞赛场地时常被体育教学与锻炼活动占用，使得其难以获得应有的保障。

为有效解决这一问题，充分开发与合理利用物质资源显得尤为关键。为此，可采取以下措施。

第一，应积极争取学校领导和上级主管部门的支持，加大资金投入力度，推进学校体育运动设施的新建、维护与升级改造，以提升整体设施水平，满足高水平运动队的训练与竞赛需求。

第二，应合理规划和安排一般教学锻炼与专项运动训练的场地使用地点和时间，使现有运动场地设施能够得到充分利用，实现资源共享与高效利用。

通过实施上述措施，能够有效改善高水平运动队的训练与竞赛条件，进一步推动学校体育事业的健康发展。

（九）文化建设与品牌打造的协同

文化建设是一个涵盖精神文化、制度文化、行为文化等多层面的复杂和多维过程。在这一过程中，塑造文化品牌是文化建设的关键目标之一。特别是对于竞技体育，其特有的文化特性要求高水平运动队的文化建设与高校竞技文化品牌的塑造紧密相连。

在构建竞技文化品牌的过程中，文化建设固然占据着举足轻重的地位，然而，其实际成效亦受到诸多因素的深刻影响，包括比赛表现、训练质量、科技创新成果以及运动成绩等。这些因素共同作用于竞技文化品牌的塑造，共同决定了其最终的发展成果。因此，高水平运动队的品牌建设不应被视为一个简单直接的任务,而是一个需要精心管理和协调的过程。为了达到最佳的整体效果,必须全面考虑并协调这些不同的要素。

对于高校高水平运动队而言,加强文化建设与品牌塑造的协同至关重要。具体而言,需从以下三个方面着手。

第一,必须提升运动技术水平,力求在各类赛事中取得优异成绩,从而吸引师生的关注,使高水平运动队成为推动校园体育文化发展的核心力量。

第二,加强运动队内部文化的建设,塑造积极向上的队伍形象,以增强团队的凝聚力和向心力。

第三,注重运动队的品牌塑造,通过精心策划和宣传,使高校高水平运动队在师生和社会各界中树立良好的形象,从而获得更广泛的认可和支持。

第八章

体育强国背景下高校高水平乒乓球队管理体系构建与优化路径

随着体育事业的蓬勃发展，乒乓球作为我国的国球在国际舞台上屡创佳绩，为国家赢得了无数荣誉。高校高水平乒乓球队作为培养优秀乒乓球人才的重要基地，其管理体系的完善与否直接关系到球队的训练效果、竞技水平和长远发展。因此，构建一个科学、系统、高效的管理体系，对于提升高校高水平乒乓球队的整体竞争力具有重要意义。

第一节 高校高水平乒乓球运动员管理

一、运动员的思想教育

思想教育作为一项涉及多方面要求的管理工作，对运动员而言尤为重要。在进行思想教育时不仅应遵循一般性的指导原则，如积极疏导、树立榜样、保持先进性与现实性、经常性与系统性的有机结合等，还需特别关注其特有的基本需求。

（一）帮助运动员树立正确的人生观和世界观

一个健全且正确的人生观与世界观是个体在面对外界各种刺激时，能够作出恰如其分的反应的基石。这两种观念的培育与形成，既非个体与生俱来的天赋，亦非运动员群体能够轻易吸纳的常识。以全局观念、集体主义观念等抽象且理性的概念为例，鉴于运动员在思维能力上尚存一定的局限性，他们往往难以深入理解和全面接受这些观念，这为他们构建正确的人生观与世界观带来了不小的挑战。因此，当运动员在思想层面出现问题时，管理者应摒弃零敲碎打、缺乏系统性的处理方式，转而致力于协助运动员逐步建立起正确的人生观与世界观。通过加强思想教育，为运动员提供有力的外部引导，不失为一种行之有效的策略。

（二）深入剖析运动员的思想特征，以增强思想教育的目的性和实效性

思想教育工作者在开展工作时必须深刻认识并理解运动队的特殊环境，对运动员的普遍思想特征有全面的把握。还需紧密关注运动训练的进展，精准掌握运动员在各训练阶段所表现出的不同思想倾向。通过观察与分析，教育工作者应能够揭示运动员思想变化的内在规律，从而进行具有针对性的教育，进而提升思想教育工作的实际成效。

（三）通过实施高效的精神激励措施，全面激发运动员的内在动力与创新能力

激励在管理中占据举足轻重的地位，涵盖多种手段。对于运动员的思想教育应格外关注精神激励的重要性，充分激发其内在的精神追求。向运动员传达远大的目标、集体的共同目的与利益，有助于充分挖掘其内在潜力。

二、运动员的训练管理

作为高校体育工作不可或缺的一环，高校高水平乒乓球队课余训练的重要性不言而喻。在现代运动训练的发展历程中，科技方法的引入与运用起到了至关重要的作用。通过科学、高效的训练手段，可以在有限的训练时间内显著提升运动员的训练质量、运动成绩和技术水平。

（一）合理增加比赛时间

在培育优秀运动员的过程中，除了系统且持续的日常训练，定期参与不同规模的比赛亦至关重要。对于高校的运动员而言，他们每年参与正式运动会的机会相对有限，与专业运动员相比显得较为稀缺。这种局限性不仅影响了运动员竞技水平的提升，同时也限制了他们在比赛中锻炼心理素质的机会。因此，科学合理地安排运动员参与比赛对于提升他们的运动成绩具有显著帮助。

鉴于高校运动员参赛机会相对较少，可以采取一些措施加以改善。例如，可以积极安排学生运动员参与专业体育院校的平时或周末测验赛，这样既能增加他们的比赛经验，又能使他们接触到更高水平的竞技环境。此外，还可以与其他高校的运动队建立合作关系，定期开展校际训练性比赛，从而为学生提供更多实战演练的机会，有效丰富他们的比赛经验。

（二）灵活运用寒暑假进行不间断性的集训或持续性训练

在大学阶段，由于学业负担加重和训练时间减少，多数运动员的专项成绩出现了下滑，难以长时间维持良好竞技状态。为了保证运动员能够持续发挥技术与体能的潜力，实现个体在特定训练阶段的高峰表现，应强调训练的不间断性和持续性。这种持续性训练贯穿于运动员的整个运动生涯。

集训作为一种强化手段主要聚焦于提升运动员在实战中的技术和体能水平。运动员在进入大学前已具备较高的运动基础和起点，这为他们与教练员共同制订和执行有针对性的集训计划提供了有力支撑。这样的基础不仅减少了训练的盲目性，还有助于运动员更快地适应大学阶段的训练要求，实现竞技状态的稳步提升。

三、运动员的竞赛管理

（一）竞赛现场控制

运动竞赛作为检验训练成果的核心途径，其紧张性与激烈性在当今时代愈发显著，多数情况下更是在挑战运动员的生理与心理极限。因此，相较于日常训练，运动员在参赛时的生理和心理状态均会产生显著的变化和反应。鉴于此，对参赛运动员的管理必须作出相应的特殊调整，以适应竞赛环境的特殊要求。特别是在运动员的思想教育层面，必须充分考虑其心理负荷，更多地采用正面的激励与表扬，而非批评或指责。尤其是在比赛现场，教练员的言行举止乃至面部表情和语气都需格外谨慎，避免急躁和发火。尤其当运动员出现偶然失误时，这一点显得尤为重要。通常来说，运动员都怀有强烈的求胜心与为团队争光的使命感，因此在比赛中一旦出现失误，他们往往会深感自责和焦虑，进而承受巨大的心理压力。如果此时得不到教练和队友的理解与宽慰，极易引发其抵触情绪，从而削弱教育效果。

（二）竞赛业务管理

在竞赛过程中，业务管理活动被清晰地划分为临场管理与场下管理两大核心领域。临场管理直接受教练员的指导能力和专业素养所驱动，其效果直接关系到运动员在比赛中的表现。场下管理则聚焦于赛前与赛中的全面准备工作。这包括制订科学的赛间训练计划，确保运动员的运动负荷得到合理调整；组织及时的准备会议，使运动员明确比赛策略；以及精心策划竞赛方案，确保比赛的顺利进行。与此同时，运动员的生活管理在竞赛期间也显得尤为重要。这一阶段的生活管理相较于日常训练应更为严格，特别在纪律要求上需加强，以使运动员能够维持最佳的竞技状态。为实现这一目标，还将实施一系列心理训练措施，帮助运动员稳定情绪。此外，还需对伙食安排、医务监督、业余活动组织、恢复措施以及洗浴条件等进行科学管理，以满足运动员在比赛期间的合理需求，为他们创造最佳的比赛环境。

第二节 高校高水平乒乓球运动队教练员管理

一、教练员的管理原则

（一）互补原则

教练员队伍的建设举足轻重，必须高度重视教练员队伍的数量与质量，并致力于实现群体结构的合理化。在教练员队伍中，人才的选拔应当涵盖多样化的专业特长、能力层次、年龄分布以及管理方式，以保证他们能够相互协作、优势互补，共同发挥最大的集体效能。只有当成功地优化了整个教练团队的群体结构时，他们才能够展现出最大的综合效益。

鉴于教练员在心理特质与工作作风层面存在显著的个体差异，其在指导与管理运动群体时必然展现出不同的风格特点。根据教练员的类型及其独特的管理风格，可将其管理方式细化为"家长型""自由放任型"及"民主型"三种类型。因此，上级领导在选拔与配置运动队领队等关键管理岗位时务必全面考量教练员的类型特点，以便精准地选拔最适宜的管理干部，有效促进运动队的整体发展。

（二）能级原则

能级原则明确要求各级教练员所具备的知识能力必须与其工作岗位的职责要求保持高度契合。鉴于国家队、省市队、少年体校等不同层级的教练员以及主教练与助理教练在工作岗位性质、训练对象特点及任务要求等方面均呈现出显著的差异性，因此，针对不同层级的教练员，对其知识能力结构和水平的要求也有所区别。在人才配置过程中，领导者需深入了解和掌握每位教练员的特长和优势，使人才资源得到最大化利用，实现人尽其才、才尽其用的目标。

现行的教练员制度已对教练员的学历水平、技术等级与任职范围之间的对应关系作出了明确而细致的规定，旨在使人才得到科学合理地配置和使用，从而有效避免人才资源的浪费。鉴于教练工作既具有理论性又兼具实践性，因此在评估教练员的能级水平时必须全面考虑其知识和能力两方面的因素，避免过分偏重学历或技术等级等单一指标。

为切实贯彻能级原则，推动体育事业的持续健康发展，应积极推进教练员的推选聘任制和任期合同制，通过科学合理的选拔和任用机制，选拔出具备高水平知识能力、能够胜任相应工作岗位的优秀教练员，为体育事业的蓬勃发展提供坚实的人才保障。

（三）激励原则

对于管理者来说，激发教练团队的积极性和创新能力，充分挖掘其潜力，是教练员管理工作中的关键任务。为了实现这一目标，现代行为科学提供了多种激励理论和方法，特别是马斯洛的需求层次理论和弗鲁姆的期望理论，这两个理论在业界颇受关注。

需求层次理论深入分析了人的需求结构，揭示了除了基本的生理需求外，人们还有复杂的社会需求和自我实现需求。这些需求具有层次性，通常表现为动机、兴趣、愿望和理想等多种形式。需求是驱动行为的原动力，行为也能够满足、减少、提升或改变人的需求。因此，管理者需要深入理解教练员的各类需求，包括他们的成因和表现，通过合适的激励手段满足这些需求，将其转化为推动工作的动力。

期望理论则强调了激励与个人努力之间的直接关系。它认为个人的投入程度与所得到的激励成正比，而激励的大小取决于个人对成功可能性的预期（期望值）和成功对个人价值的大小（效价）。期望值是个人对行为可能带来结果的主观评估，而效价则是个人对特定结果价值的评估。管理者应当利用期望理论的原理，帮助教练员设定清晰的目标，提高他们对成功的期望，并创造一个能够满足其需求的工作环境，进一步激发他们的工作热情和创新能力。

二、教练员的选配与使用

（一）教练员选配的要求

在选配教练员时除需满足合格教练员的基本资质要求外，还需对他们在以下五个核心领域的实际表现与能力进行全面评估：任职条件、教育程度、科研实力、外语掌握程度及工作成效。针对各级优秀运动队及各类体校教练员，其工作成效的评判标准存在差异。运动队教练员的评估主要聚焦于其指导的运动员在各类比赛中所取得的成绩，而体校教练员的评价则更加注重其输送的优秀后备人才的数量与品质。此外，不同专业技术职务的教练员还应具备以下特定的选配要求。

1.遵守职务比例规定

在优化运动队教练员配置的过程中，需确保国家级教练员所占比例严格控制在高级职务教练员总数的10%以内。高级职务教练员的总数也需要审慎管理，不得超出整体教练员人数的20%。此外，中级职务教练员的比例也应维持在50%以内，以保持合理的教练团队结构。对于体育运动学校而言，高级专业技术职务教练员的比例也需严加把控，限制在15%以内，而中级职务教练员的比例也应保持在50%以下，以确保教练队伍的整体素质强和教学水

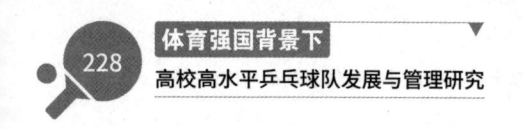

平高。

2.优化教练员结构

随着竞技体育的发展，训练模式正从单一指导向团队合作转变。在选拔教练员时应重视其智能结构的优化，促进不同风格教练员之间的互补，以提高训练效果。

3.坚持任职条件

选拔教练员时不应仅仅基于他们过去的运动成绩。应实施教练员持证上岗制度，使他们具备必要的专业能力和素质，以满足教练职位的要求。

（二）发挥教练员的作用

1.充分信任教练员，推行"主教练负责制"

主教练负责制作为一种新兴的管理机制，旨在强化运动训练业务的管理效能，充分激发教练员在业务工作中的领导作用。依据此项制度，上级主管部门将承担聘用运动队主教练的职责，并明确其任职期限以及所承担的责任。为确保主教练能够充分履行其职责，主管部门将赋予其相应的管理权限，并制定相应的奖惩措施，主教练也需要按规定缴纳一定数额的风险金。

在主教练的引领下，教练团队的构建工作将遵循主教练的提名原则，进而构建出一个以主教练为核心，集结了多位具备专业素养的教练员的小组。该团队将齐心协力，共同承担运动训练的组织与实施工作，保证训练计划的有序推进与高效执行。此外，在实行主教练负责制的运动队管理体系中，为进一步提升运动员的思想政治教育水平及日常生活管理水平，可考虑设立领队一职。领队的主要职责在于协助主教练开展思想政治教育，并负责运动员的日常生活管理事务，在训练业务的具体执行层面，领队将不进行直接干预，以确保训练工作的专业性与高效性。

为了激发主教练的工作热情并有效地发挥领队的作用，一些运动队正在尝试实行"领队领导下的主教练负责制"。这种管理模式的成效需要进一步的观察和评估，以便于持续改进和优化管理机制，确保其有效性和适应性。

2.扬长避短，人尽其才

每个人均有其长处与短处，而用人之道的核心在于善用其长，规避其短，最大限度地发挥其潜力与才能。因此，在教练员的选拔与任用过程中必须严格遵循以下三个基本要求。

第一，避免对教练员求全责备，认识到人无完人，应以包容与理解的态度看待其不足。

第二，注重扬长避短，充分发挥教练员的长处，同时巧妙规避其短处，使其在教练工作中能够展现出最佳的能力。

第三，致力于建设一支优势互补、结构合理的教练员队伍，通过合理的配置与组合实现教练员之间的互相支持与协作，共同推动教练工作的顺利开展。

3.破除论资排辈，切实做到量才用人

年龄较长、资历深厚的教练是宝贵的资源，他们历经风雨洗礼，积累了丰富的执教经验，对问题的观察和分析往往具备深刻独到的见解。与之相对，年轻教练则展现出旺盛的活力，他们通常能够迅速适应新生事物，思想开放、精力充沛。因此，新老教练各自拥有独特的优势，在运动队的训练管理中均可发挥不可或缺的作用。针对运动队的实际需求，应积极调动新老教练的积极性，充分发挥他们的专业优势。特别是对于那些表现出色的年轻教练应给予充分的信任与支持，大胆培养他们的执教能力，勇于让他们在重要岗位上施展才华，为运动队的持续发展贡献力量。

4.重视开发教练员的潜能

在教练员的任用过程中不仅需高度关注其带领队伍参赛所取得的显著成绩，更需在日常工作中实施全面、系统的考核评估，定期组织专业进修活动。通过这一系列的举措，旨在充分挖掘和发挥教练员的潜在优势，同时摒弃传统的"终身制"观念，推动教练队伍的持续优化与更新。管理部门应深入剖析现有教练员队伍的年龄分布、知识结构、业务技能水平以及实际工作能力等核心要素，在此基础上进行科学、系统的数据分析与综合评估。通过这一过程将制定出更具针对性和可操作性的长远发展规划，以保证教练队伍

建设的连续性和稳定性。同时，这一规划应立足未来，着眼于教练队伍的长远发展，积极培养和引进新生力量，不断优化教练队伍结构，实现人才资源的最大化利用。通过这一系列的举措，将为教练队伍的可持续发展奠定坚实基础，为提升我国体育竞技水平贡献力量。

第三节　高校高水平乒乓球运动队信息管理

一、信息对运动队训练的作用

（一）了解对手的状况与特点

运动员在长期的训练中所累积的竞技能力唯有通过实际竞赛的检验才能充分展现其价值。在竞技场上，双方选手的较量犹如两军对峙，必须深知对手实力方能使自身立于不败之地。在此过程中，信息的重要性不言而喻。因此，在赛前对对手（特别是主要竞争对手）的深入剖析与了解，制定符合实际情况的应对策略，往往对于取得最终胜利具有至关重要的影响。

（二）交流先进的训练理论与方法，把握运动训练的发展趋势

随着科技的飞速进步，运动训练科学正经历着前所未有的发展。众多传统的训练理论与方法已被新时代的理念和实践所超越，同时，一系列新颖且富有成效的理论与方法正在逐步诞生和成熟。面对这样的变革潮流，急需保持敏锐的洞察力，迅速捕捉行业的最新动态，积极展开信息交流，以应对随之而来的各种挑战。纵观全球，那些在体育领域享有盛誉的强国，无不对运动训练理论与方法的信息高度关注。他们不仅成功构建了自成体系的训练科

学系统，更善于汲取他国的成功经验，不断丰富和完善自身的训练体系。这样的做法不仅彰显了他们对体育事业的深刻理解和坚定信念，也为我们提供了宝贵的借鉴和启示。

二、运动队训练信息的收集

在搜集运动训练情报的过程中通常可以采用两种主要的搜集策略：一种是利用现代科技的计算机检索法，另一种则是更为传统的手工法。

（一）计算机检索法

这种方法在国际上已经非常流行，它利用计算机的强大处理能力来快速筛选和定位所需的信息。计算机检索法不仅能够大幅度缩短搜索时间，还能提高搜索的精准度，减少遗漏的风险。这种方法正逐渐成为信息检索领域的新趋势。

（二）手工法

手工法是搜集信息的古老艺术，在计算机技术尚未普及之前它一直是信息搜集的主流方式。手工法在科技情报工作中的运用主要包括以下几种技巧。

1.日常积累

这是一种非常普遍的信息搜集方式。在日常的工作和学习中会遇到许多有价值的信息。对于那些能够启发思维和激发创新的信息应该以一种标准化的方式进行记录和整理，以便未来参考。这不仅是搜集信息的基本技巧，也是衡量一个人信息意识强弱的重要指标。

2.定向查找

定向查找要求我们根据特定需求，借助文摘、索引等辅助工具，围绕主题词展开有目标的检索，以获取精准的信息。此方法在信息研究领域已得到广泛应用。

3.跟踪追溯

通过分析已有的资料、引文或参考文献可以了解作者的早期工作，据此进行深入的追溯，以发掘更多相关的信息。

尽管计算机检索法以其高效率和准确性受到青睐，但手工法在信息搜集的深度和广度上仍然具有独特的优势。二者结合使用，可以更全面地搜集和分析运动训练情报，为运动训练提供更加丰富和准确的信息支持。

三、运动训练信息的分析

（一）运动训练信息的加工

在信息爆炸的时代背景下，有效筛选和浓缩海量文献中的关键信息对于提升信息工作的质量和效率至关重要。随着信息工作的发展，将广泛分散且隐藏于不同载体中的原始信息，通过专业加工与分析转化为具有更高价值和深度的二次乃至三次信息已成为一大趋势。现代信息检索系统的出现极大地促进了这一过程的实现。通过检索系统，能够依据文献的外部特征（如标题、作者等）迅速找到相关文献，通过内部特征（如摘要）进一步深入挖掘所需信息，有效避免在海量文献库中进行无目的的搜索。信息研究是在广泛收集原始信息的基础上通过再创造过程形成新的知识体系，属于对文献进行更深入选择和加工的高层次活动。无论是针对特定问题的综述还是评价，都是信息研究的组成部分。在进行信息研究时，需要明确研究目标，使研究内容具有针对性，材料选择精练，同时保持论述的逻辑性和论证的严谨性。任何基于主观臆断或为了迎合某种趋势、观点而编造的信息都是不可接受的。

信息研究应追求真实性和客观性，以确保研究成果的科学性和实用性。

（二）运动训练信息的运用

运动训练信息的实际效用很大程度上取决于用户，特别是教练员对信息的吸收和应用能力。一个能够重视并有效使用信息的教练员能够从大量的数据中筛选出有价值的信息，将其恰当地应用于实践中。但如果只是单纯地收集信息而不加以合理运用，或者机械地模仿他人的方法，不仅难以实现预期效果，反而可能对训练造成不利影响。实际上，信息的数量或质量与运动表现之间并没有直接的正比关系，它们之间的联系往往是间接和隐性的。因此，信息效益的核心在于如何有效地利用这些信息。我们应意识到运动训练理论是一个不断发展的领域。新理念和新理论的持续出现会催生不同的学派和观点，这是学科发展的正常现象。在搜集和分析信息时，必须全面、客观地展示不同流派的观点和分歧，以保证信息的准确性和完整性。在使用这些信息时，应保持独立思考，不盲目跟从他人，以免造成混乱和迷失方向。

第四节 体育强国背景下高校高水平乒乓球队管理的优化路径

在体育强国战略背景下，高校高水平乒乓球队作为国家乒乓事业后备力量的核心组成部分，其管理模式的改进与革新显得尤为关键。本节旨在探讨在体育强国战略框架下，如何优化高校高水平乒乓球队的管理路径，以期为推动我国高校乒乓球队的持续健康发展提供坚实的理论支撑和实践指引。

一、加强顶层设计与战略规划

在高校高水平乒乓球队管理的优化工作中，首要任务是保证顶层设计与战略规划的精准布局。学校应全面审视乒乓球队在学校体育发展中所处的核心地位以及设定的长远目标，科学制定一套既具有前瞻性又切实可行的长期、中期和短期战略规划。这些规划旨在保证乒乓球队的建设与发展能够与学校整体发展战略紧密契合，在资源配置、人才培养、赛事参与等多个方面实现协调与平衡。同时，建立健全的管理制度与规章制度是保障乒乓球队日常管理有序进行的重要基石。这些制度应全面覆盖运动员选拔、训练安排、比赛组织、后勤保障等各个环节，保证各项工作均有明确的规范和依据。通过制度的约束与引导可以进一步提升乒乓球队的管理效能和竞技实力，为球队的可持续发展奠定坚实基础。

二、提升教练团队的专业素养

教练团队作为乒乓球队的核心驱动力，其专业素养对于球队的训练效果及竞技表现具有决定性影响。因此，高校应当高度重视并积极投资于教练团队的构建与培养工作。具体而言，高校应致力于引进一批经验丰富、技术精湛的高水平教练，为他们提供持续性的专业培训和进修机会，以保证他们的执教能力和教学方法始终保持在业界领先地位。同时，为了激励教练团队不断提升自我、追求卓越，高校还应建立科学有效的考核机制，对教练团队的业绩进行定期评估和反馈。高校还应积极推动教练团队与国际接轨，鼓励他们积极学习并吸收国际先进的训练理念和方法。通过与国际先进教练团队进行广泛交流与合作、参加国际研讨会和研修班等途径，不断更新教练团队的知识结构和技能水平，为球队注入新的活力和动力。

总之，通过加强教练团队的构建与培养、推动与国际接轨以及建立科学的考核机制等措施，高校将能够显著提升乒乓球队的技术水平、战术意识和团队协作能力，推动球队在赛事中取得更加优异的成绩。

三、完善运动员选拔与培养机制

运动员作为乒乓球队的核心竞争力，其全面发展对于提升队伍整体实力具有重要意义。为确保运动员的全面发展，高校应着力完善选拔与培养机制。首先，应借助科学的选材方法，精准识别和选拔具备潜力的运动员。其次，为选拔出的运动员提供系统且专业的训练，保证他们在技术水平和战术能力上得到持续提升。最后，高校还应采取全面细致的保障措施，从生活起居到心理关怀，为运动员创造一个优质、稳定的成长环境。

在专业技能培养的基础上，高校还要加强对运动员的思想政治教育和文化教育。通过教育引导，培养运动员的爱国情怀和团队精神，使其深刻理解作为体育人的使命与责任。此举不仅有助于提升运动员的综合素质，更能提升其竞技能力，使其在比赛中有更加出色的表现。

四、加强科研支持与技术创新

科研支持对优化高校高水平乒乓球队管理至关重要。为了显著提升球队的竞技能力，高校必须积极加强与科研机构的合作，主动吸收和应用前沿的科研成果，为乒乓球队的训练和竞赛活动提供坚实的科技后盾。这种合作模式将为球队带来先进的训练器材和高端的数据分析工具，同时促进训练手段和比赛策略的革新。高校也应激励教练团队和运动员勇于进行技术创新，持续探索新颖的训练方法与比赛策略。通过持续的科研投入和不断的技术革新，球队的训练效率和竞技水平将得到显著提升，以保证在竞争激烈的赛事中保持优势。科研与训练的紧密联合不仅为球队的持续进步奠定了坚实基础，而且有助于推动球队实现持续的发展。

五、加强国际合作与交流

国际合作与交流在提升高校高水平乒乓球队国际竞争力方面扮演着至关重要的角色。为在国际舞台上取得更为卓越的成绩，高校应当积极主动地参与国际乒乓赛事和各类交流活动，与国际高水平乒乓球队建立深入且稳固的合作关系。此种交流不仅有助于我们汲取国际先进的管理经验和训练方法，更能促进双方球员、教练之间的技艺切磋与思想交流，共同推动乒乓球运动迈向更高水平。高校还应通过组织友谊赛、交流赛等多种形式的活动，增进各队之间的了解与友谊，形成良性的竞争氛围和合作共赢的局面。这种合作不仅有助于提升国内高校乒乓球队的整体竞技水平，更能促进乒乓球运动在国内的广泛普及与深入发展。

综上所述，体育强国背景下高校高水平乒乓球队管理的优化路径包括加强顶层设计与战略规划、提升教练团队的专业素养、完善运动员选拔与培养机制、加强科研支持与技术创新以及加强国际合作与交流等方面。这些措施的实施可以不断提升高校高水平乒乓球队的管理水平和竞技能力，为我国乒乓球事业的发展作出更大的贡献。

参考文献

[1]张颖.体育强国建设及其实现路径研究[M].北京：中国水利水电出版社，2019.

[2]教育部体育卫生与艺术教育司.高校运动队规范化管理实用手册（上）[M].北京：高等教育出版社，2013.

[3]谭智平,徐国正.高校运动队管理探索[M].长沙：湖南大学出版社，2009.

[4]马丽.乒乓球运动的多维度研究与技巧探索[M].北京：中国纺织出版社，2015.

[5]张伟峰.现代乒乓球运动的多维探索与实战训练研究[M].北京：中国纺织出版社，2018.

[6]赵新世.运动员心理调控与训练方案设计研究[M].北京：中国水利水电出版社，2019.

[7]袁微,董娜,张华.大学生球类运动文化探究与运动技能培养[M].北京：中国商务出版社，2017.

[8]胡启凯.乒乓球学练理论与实践指导[M].北京：中国书籍出版社，2014.

[9]谢孟瑶.现代球类运动文化建设与技战术学练指导[M].长春：吉林大学出版社，2017.

[10]张佃波.体育强国战略下我国体育文化的重塑与发展研究[M].长春：吉林出版集团股份有限公司，2022.

[11]明君,郑丽,范锐.运动训练管理学[M].哈尔滨：哈尔滨地图出版社，2008.

[12]左庆生.体育管理学[M].北京：北京师范大学出版社，2010.

[13]薛永胜,杨莎,刘尚武.有效体育教学理论体系的构建与教学实践研究[M].长春：吉林科学技术出版社，2020.

[14]李志明,常璐艳,潘桂芝,等.体育运动概论与常见球类运动[M].北京：中国纺织出版社，2018.

[15]孙楠楠.运动员心理训练机制与调控研究[M].长春：吉林大学出版社，2021.

[16]王智慧.体育强国的评价体系与实现路径研究[M].北京：北京体育大学出版社，2014.

[17]董范,刘华荣,国伟.户外运动组织与管理[M].武汉：中国地质大学出版社，2009.

[18]季浏.体育心理学教与学指导[M].北京：高等教育出版社，2006.

[19]吕强国,邓军文,李金.户外运动体系分析与探究[M].北京：中国原子能出版社，2012.

[20]董大志,周余,陈维富.现代体育教学管理探索与课程实务研究[M].北京：中国书籍出版社，2016.

[21]彭艳芳.乒乓球运动的发展与健身指导[M].北京：中国水利水电出版社，2015.

[22]彭博.乒乓球运动价值理论新探与学训指导[M].长春：吉林大学出版社，2020.

[23]张钰晨.乒乓球运动的多元发展与教学训练创新研究[M].北京：九州出版社，2020.

[24]贺语.高校乒乓球基础与实战技术分析[M].北京：北京工业大学出版社，2019.

[25]李建臣.软梯组合训练[M].北京：人民体育出版社，2013.

[26]樊文刚,李建伍,袁春泰.球类运动教学与训练[M].北京：中国商务出版社，2009.

[27]董波.高校体育管理研究[M].西安：西安交通大学出版社，2017.

[28]王彦林,刘伟,李国强,等.球类运动的理论研究与科学健身[M].北京：中国商业出版社，2014.

[29]尚东.体育事业管理百科（第2卷）[M].长春：吉林音像出版社，2003.

[30]王彦英.多元体育文化的创新与发展研究[M].北京：中国书籍出版社，2019.

[31]王伟平,张剑杰,王志辉,等.乒乓球新教程[M].沈阳：沈阳大学出版社，2014.

[32]肖林鹏.现代体育管理[M].北京：北京体育大学出版社，2009.

[33]李明清,任斌,唐进松.小球运动技战术分析与训练方法[M].西安：西安地图出版社，2009.

[34]董亚会.现代体育教学管理与理论创新研究[M].北京：中国水利水电出版社，2018.

[35]巴特尔,白东升,张建鹏.体育管理学[M].成都：电子科技大学出版社，2019.

[36]肖林鹏.现代体育管理（第3版）[M].北京：北京体育大学出版社，2015.

[37]张红玲.乒乓球教学与训练[M].北京：中国书籍出版社，2019.

[38]张劲松,张树巍.高校体育管理理论与实践[M].沈阳：东北大学出版社，2016.

[39]赵一刚.高校校园体育文化建设与探究[M].北京：中国原子能出版社，2022.